创造属于我们这个时代的新文化

双传学 李扬◎编著

江苏人民出版社

图书在版编目（CIP）数据

创造属于我们这个时代的新文化 / 双传学, 李扬编著. -- 南京 : 江苏人民出版社, 2025. 1. -- ISBN 978-7-214-29606-1

Ⅰ. G12-49

中国国家版本馆CIP数据核字第2024E0K037号

书　　名　创造属于我们这个时代的新文化
编　　著　双传学　李　扬
责任编辑　陈　颖　贺银根
特约编辑　彭欣然
装帧设计　赵春明
责任监制　王　娟
出版发行　江苏人民出版社
地　　址　南京市湖南路1号A楼，邮编：210009
照　　排　江苏凤凰制版有限公司
印　　刷　南京新洲印刷有限公司
开　　本　787毫米×1092毫米　1/16
印　　张　14.25　插页 1
字　　数　160千字
版　　次　2025年1月第1版
印　　次　2025年1月第1次印刷
标准书号　ISBN 978-7-214-29606-1
定　　价　88.00元

目录

引　言

汇聚强国建设、民族复兴伟业的精神力量

这是一个需要理论而且一定能够产生理论的时代，这是一个需要思想而且一定能够产生思想的时代，这也是一个更加重视文化、加快文化繁荣发展的时代。

党的十八大以来，以习近平同志为核心的党中央统筹中华民族伟大复兴战略全局和世界百年未有之大变局，准确把握世界范围内思想文化相互激荡、我国社会思想观念深刻变化的趋势，从全局和战略高度对宣传思想文化工作作出系统谋划和部署。习近平总书记把宣传思想文化工作摆在治国理政的重要位置，围绕新时代文化建设提出一系列新思想新观点新论断，丰富和发展了马克思主义文化理论，构成了习近平新时代中国特色社会主义思想的文化篇，形成了习近平文化思想。

伟大思想引领伟大实践。习近平文化思想在党的宣传思想文化事业发展史上具有里程碑意义，为做好新时代新征程宣传思想文化工作、担负起新时代的文化使命提供了强大思想武器和科学行动指南。共同努力创造属于我们这个时代的新文化，成为当代中国共产党人与时代同步伐、与人民共命运，面向现代化、面向

世界、面向未来发出的文化最强音！

习近平文化思想含英咀华、思接千载，贯通历史、现实与未来。实现中华民族伟大复兴要以民族精神的崛起为先导和支撑，需要强大精神动力与坚实文化根基。“没有高度的文化自信，没有文化的繁荣兴盛，就没有中华民族伟大复兴”。习近平文化思想提出了一系列标志性、原创性、战略性的重大观点和重要论断，饱含古老中华文明的智慧因子，赋予中国式现代化以深厚底蕴，为全面推进强国建设、民族复兴伟业创造了有利文化条件。

党的二十届三中全会鲜明提出，聚焦建设社会主义文化强国，坚持马克思主义在意识形态领域指导地位的根本制度，健全文化事业、文化产业发展体制机制，推动文化繁荣，丰富人民精神文化生活，提升国家文化软实力和中华文化影响力。完成这一使命，关键在改革。必须通过改革进一步破解深层次体制机制障碍，激发文化创新创造活力，为推动文化繁荣、建设文化强国提供强大动力和制度保障。

一切划时代的理论，都是铿锵出发的时代号角。

秉承数千年革故鼎新的精神气韵，积淀数十年变革求新的风范气质。只有深刻领悟习近平文化思想的磅礴伟力，更加自觉把改革摆在更加突出位置，更加自觉把握文化传承发展规律，才能继续在人类的伟大时间历史中创造中华民族的伟大历史时间。

时代是思想之母，实践是理论之源。坚持党的文化领导权，推动物质文明和精神文明协调发展，坚持“两个结合”，担负新时代的文化使命，坚定文化自信，培育和践行社会主义核心价值观，铸牢中华民族共同体意识，掌握信息化条件下舆论主导权，坚持以人民为中心的工作导向，加强文化遗产保护传承，构建中国话语和中国叙事体系，促进文明交流互鉴……遵循习近平文化思想的科学指引，中国特色社会主义道路必将拥有更加宏阔深远的历史纵深，必将彰显泱泱社会主义中国的文化气象。

今天的中华大地，文明的长河奔涌向前，思想的星空璀璨夺目。习近平文化思想既有文化理论观点上的创新和突破，又有文化工作布局上的部署要求，明体达用、体用贯通，明确了新时代文化建设的路线图和任务书，必将指引我们在新的起点上汇聚起推进强国建设、民族复兴伟业的精神力量，更大力度推动文化繁荣发展。

坚定文化自信，坚持走自己的路，我们一定能实现精神上的独立自主！

秉持开放包容，促进文明交流互鉴，我们一定能传扬中国的道路优势、理论优势、制度优势、文化优势！

坚持守正创新，展现新气象新作为，我们一定能创造属于我们这个时代的新文化！

一

坚持党的文化领导权

“治国犹如栽树，本根不摇则枝叶茂荣。”我们治国理政的本根，就是中国共产党的领导和我国社会主义制度。在这一点上，必须理直气壮、旗帜鲜明。党的领导必须是全面的、系统的、整体的，必须体现到经济建设、政治建设、文化建设、社会建设、生态文明建设和国防军队、祖国统一、外交工作、党的建设等各方面。哪个领域、哪个方面、哪个环节缺失了弱化了，都会削弱党的力量，损害党和国家事业。

——2018 年 2 月 28 日，习近平总书记在党的十九届三中全会第二次全体会议上的讲话

2023 年 6 月 1 日至 2 日，习近平总书记先后考察中国国家版本馆中央总馆、中国历史研究院并出席文化传承发展座谈会，对文化建设守正创新作出深刻阐述，鲜明提出：“守正，守的是马克思主义在意识形态领域指导地位的根本制度，守的是‘两个结合’的根本要求，守的是中国共产党的文化领导权和中华民族的文化主体性。”

党的十八大以来，以习近平同志为核心的党中央坚持党管宣传、党管意识形态，引领推动宣传思想文化工作取得历史性成就、发生历史性变革，汇聚起全党全国各族人民推进强国建设、民族复兴伟业的强大精神力量。坚持党的文化领导权，是习近平总书记深刻总结党的历史经验、洞察时代发展大势而提出的重大论断，充分体现了习近平总书记对新时代文化地位作用的深刻认识、对党的意识形态工作的科学把握。

1. 坚强的政治保证

党政军民学，东西南北中，党是领导一切的。在中国的治理体系中，党中央是坐镇中军帐的“帅”，车马炮各展其长，一盘棋大局分明，体现为总揽全局、同向发力的效率，体现为高度的组织、动员能力，体现为长远的规划、决策和执行能力，为沉着应对各种重大风险挑战提供根本政治保证。

中国共产党是最高的政治领导力量，统领政治、经济、文化、社会、生态文明等各项事业的发展。无论是哪个领域、哪个环节，都不能削弱党的领导，否则将损害党和国家事业。坚持党的文化领导权，把加强党对宣传思想文化工作的全面领导提升到一个新的认识高度。

中国共产党的文化建设史，就是一部党的领导史。中国共产党始终是中国先进文化的积极引领者和践行者，始终高度重视以先进的思想文化为引领，振奋民族精神、凝聚奋斗力量。中国共产党的成立，是五四运动的最大成果和最大收获。我们党从诞生之日起就把文化建设放在重要战略地位，结合时代条件、围绕党的中心任务提出文化纲领、文化目标、文化政策，坚持不懈推进文化建设，有力推动了党和人民事业发展。

在“唤起工农千百万”的新民主主义革命时期，我们党提出必须“为着文化运动的无产阶级的领导权而斗争”。在党的一大会议上，明确规定“一切书籍、日报、标语和传单的出版工作，均应受中央执行委员会或临时中央执行委员会的监督”，此后成立了中国共产党中央局宣传部，加强对宣传文化工作的领导。毛

1942 年 5 月，中共中央在延安杨家岭召集文艺工作者举行座谈会。延安文艺座谈会和毛泽东的名篇《在延安文艺座谈会上的讲话》，总结了中国革命文艺运动的基本历史经验，明确提出文艺为人民大众首先是为工农兵服务的方向，解决了长期以来没有解决好的文艺的革命方向问题。图为毛泽东和参加延安文艺座谈会人员的合影。

泽东曾指出，“由于现时中国革命不能离开中国无产阶级的领导，因而现时的中国新文化也不能离开中国无产阶级文化思想的领导，即不能离开共产主义思想的领导。”他在总结新民主主义革命时期文化运动经验的基础上，在《新民主主义论》中第一次阐明了我们党在文化领域的使命，提出：“我们不但要把一个政治上受压迫、经济上受剥削的中国，变为一个政治上自由和经济上繁荣的中国，而且要把一个被旧文化统治因而愚昧落后的中国，变为一个被新文化统治因而文明先进的中国。”特别是在延安文艺座谈会上的讲话中，他又进一步指出：“真正人民大众的东西，现在一定是无产阶级领导的。”这充分表明，我们党即使在极其艰苦的环境下，也没有放弃对建设中华民族新文化的思考。

在“敢教日月换新天”的社会主义革命和建设时期，随着经济建设高潮的到来，文化建设的高潮也在到来。党中央在政府及其文化部门设立了党组或党委等，进一步加强了党对文化工作的领导，并且积极争取一切爱国知识分子投身文化建设事业。毛泽东从提出“百花齐放，推陈出新”到鼓励“百家争鸣”，并在此基础上明确提出了著名的“双百”方针——“百花齐放、百家争鸣”。此后，他一直身体力行地大力推行“双百”方针，坚持“双百”方针和“二为”（为人民服务、为社会主义服务）方向的统一，使其成为新中国文化建设中必须长期坚持的重要遵循。“双百”方针有力推动新中国的文化建设实现大发展、大繁荣。

在“东方风来满眼春”的改革开放和社会主义现代化建设新时期，文化建设的动人景象日益呈现出来。邓小平强调，宣传工作是“一切革命工作的粮草”，“要使我们党的报刊成为全国安定团结的思想上的中心”，“为人民服务、为社会主义服务”，提出“两手抓、两手都要硬”思想。进入新世纪，江泽民指出，坚持马克思列宁主义、毛泽东思想的指导地位，是我们立党立国的根本，也是社会主义文化建设的根本，决定着我国文化事业的性质和方向。胡锦涛提出，在新的历史起点上开创宣传思想工作新局面，要牢牢掌握宣传思想工作的领导权和主动权。历史充分证明，坚持党对宣传思想文化工作的领导是我们不断开创新局面、从胜利走向胜利的重要法宝。

在“彩云长在有新天”的中国特色社会主义新时代，宣传思想文化工作之所以取得历史性成就，最根本就在于有习近平总书记领航掌舵，有习近平新时代中国特色社会主义思想的科学指引。坚持党的全面领导是习近平新时代中国特色社会主义思想的最鲜明特征、最重要内容。坚持党的文化领导权是习近平新时代中国特色社会主义思想的基本逻辑。2012 年，党的十八大报告提出要

“牢牢掌握意识形态工作领导权和主导权”。2017 年，党的十九大将“牢牢掌握意识形态工作领导权”载入党章。2018 年，全国宣传思想工作会议用“九个坚持”概括新时代我们党对宣传思想工作的规律性认识，第一条是“坚持党对意识形态工作的领导权”。2023 年 6 月，文化传承发展座谈会第一次明确使用“中国共产党的文化领导权”命题。2023 年 10 月，习近平总书记对宣传思想文化工作作出重要指示，明确“七个着力”的实践要求，居于首位的是“着力加强党对宣传思想文化工作的领导”。习近平总书记始终坚持把文化建设摆在治国理政突出位置，亲自谋划、亲自指挥、亲自推动，作出一系列重大部署，召开全国宣传思想文化工作会议，分别召开文艺工作、党的新闻舆论工作、网络安全和信息化工作、哲学社会科学工作座谈会和全国高校思想政治工作会议，就一系列根本性问题阐明原则立场，廓清了理论是非，校正了工作导向，形成习近平文化思想，推动文化建设在正本清源、守正创新中取得历史性成就，社会主义文化强国建设迈出坚实步伐。

七个着力

1. 着力加强党对宣传思想文化工作的领导
2. 着力建设具有强大凝聚力和引领力的社会主义意识形态
3. 着力培育和践行社会主义核心价值观
4. 着力提升新闻舆论传播力引导力影响力公信力
5. 着力赓续中华文脉、推动中华优秀传统文化创造性转化和创新性发展
6. 着力推动文化事业和文化产业繁荣发展
7. 着力加强国际传播能力建设、促进文明交流互鉴

我们党百余年的伟大实践生动证明，只有中国共产党而没有其他力量能够担负起文化强国建设的历史重任。只有在党的领导下，文化建设才能确保正确的方向，才能以先进文化引领方向、凝聚民心民

足迹

2022年10月16日，习近平总书记在党的二十大报告中指出："全面建设社会主义现代化国家，必须坚持中国特色社会主义文化发展道路，增强文化自信，围绕举旗帜、聚民心、育新人、兴文化、展形象建设社会主义文化强国，发展面向现代化、面向世界、面向未来的，民族的科学的大众的社会主义文化，激发全民族文化创新创造活力，增强实现中华民族伟大复兴的精神力量。"图为党的二十大现场。

智，团结一切可以团结的力量，不断打开事业发展新天地。

确保正确的发展方向。马克思指出："如果从观念上来考察，那么一定的意识形式的解体足以使整个时代覆灭。"只有坚持马克思主义在意识形态领域的指导地位，才能确保我们党始终保持思想上的统一、政治上的团结、行动上的一致，确保全体人民始终在理想信念、价值理念、道德观念上紧紧团结在一起，确保我们国家在党的集中统一领导下始终沿着社会主义方向前进。坚持党的文化领导权使我国文化发展有了坚强的"主心骨"，能有效抵御形形色色思潮的侵蚀和冲击，增强中国人民的历史自信和文化自信。

确保正确的价值取向。唯物史观认为，一定社会的思想文化是一定社会的政治和经济在观念形态上的反映。思想文化具有意识形态属性，因而由谁支配、为谁服务的问题就成为最关键、最根本的问题。坚持党的文化领导权，就是围绕“为了谁、依靠谁、我是谁”这个根本问题，不断彰显宣传思想文化工作的价值旨归。坚持党的文化领导权有力确保了文化强国建设性质不改、底色不变、动力不减。

确保正确的目标导向。坚持党的文化领导权，有利于从全局和战略高度对文化建设作出系统谋划、制度安排和战略部署，有利于从顶层设计上把握好文化发展的根本性、全局性和战略性重大问题，不断深化对文化建设的规律性认识，满足人民对美好精神生活的向往。

办好中国的事情，关键在党。党的领导必须是全面的、系统的、整体的。坚持党的文化领导权，必然要求加强党中央对宣传思想文化工作的集中统一领导，把党的全面领导贯彻和体现到理论舆论、文化文明、内宣外宣、网上网下等宣传思想文化工作的各方面和全过程，完善文化建设领导管理体制机制，更加旗帜鲜明坚持党管宣传、党管意识形态、党管媒体，坚持党管互联网，坚持政治家办报、办刊、办台、办新闻网站，确保充分发挥党总揽全局、协调各方的领导核心作用。只有牢牢坚持住党的全面领导这个根本保证和最大优势，党的旗帜才能在宣传思想文化战线高高飘扬。

2. 一项极端重要的工作

习近平总书记掷地有声地指出，意识形态工作是党的一项极端重要的工作。这是对意识形态工作的精准把握。意识形态工作不是虚的、软的、可有可无的，而是极端重要的，起到“思想防线”的重要作用，是为国家立心、为民族立魂的工作。能否做好意识形态工作，事关党的前途命运，事关国家长治久安，事关民族凝聚力和向心力。

强调意识形态工作的极端重要性，绝不是无的放矢，而是有着极强的现实针对性。世界百年未有之大变局加速演进，世界之变、时代之变、历史之变的特征更加明显。实现中华民族伟大复兴，我们必须进行具有许多新的历史特点的伟大斗争。船到中流浪更急，人到半山路更陡。越是这个时候，越需要建设好具有强大凝聚力和引领力的社会主义意识形态，引导广大干部群众以党的旗帜为旗帜、以党的方向为方向，坚决在思想上政治上行动上同以习近平同志为核心的党中央保持高度一致，坚定信心、迎难而上，在新时代新征程上赢得更加伟大的胜利和荣光。

习近平总书记在关于《中共中央关于进一步全面深化改革、推进中国式现代化的决定》的说明中指出：“党的领导是进一步全面深化改革、推进中国式现代化的根本保证。”图为《中共中央关于进一步全面深化改革、推进中国式现代化的决定》单行本。

文化领导权本质上是意识形态领导权。意识形态和文化都是在人类实践活动基础上产生的。文化是相对于经济、政治而言的人类全部精神活动及其产品，文化中的价值观念是意识形态中最为核心的内容，也是社会发展进步极为重要的精神因素。意识形态在文化中的独特地位以及对文化的影响力，表明了意识形态具有十分鲜明的价值属性：以我国社会主义主流意识形态中的文化价值观影响和整合多元文化价值观，在价值认同的基础上获得价值共识；以我国社会主义主流意识形态中的社会主义核心价值观抵制和批判错误的文化价值观，达到区分善恶、明辨是非、激浊扬清，坚定信念、启迪智慧、传播真理的目的；以社会主义主流意识形态价值体系夯实文化软实力，确保社会主义意识形态在国家精神文化价值体系中始终占据主导地位，充分发挥主流意识形态决定文化前进方向和发展道路的作用。

随着世界进入新的动荡变革期，世界范围的意识形态斗争更加尖锐复杂。各种敌对势力一直企图在我国制造“颜色革命”，千方百计在思想上、政治上搞乱我们，妄图颠覆中国共产党领导和我国社会主义制度，我国的意识形态安全始终面临风险挑战。西方国家一直把资本主义意识形态包装成所谓的“普世价值”，在其国内搞意识形态禁锢，凡不符合其主流意识形态的就被视为“政治不正确”；在国际上按意识形态划线，搞“价值观外交”，不遗余力向世界推销它们的那一套。对此，我们一定要有清醒认识。习近平总书记要求全党必须始终从确保党的长期执政、确保国家长治久安、确保中华民族长盛不衰的战略高度重视和做好意识形态工作。我们一刻也不能放松和削弱意识形态工作，任何时候都要胸怀大局、把握大势、着眼大事，做到因势而谋、应势而动、顺势而为，旗帜高扬、立场坚定、斗争坚决。

文化领导权的核心任务是“两个巩固”，就是要巩固马克思主义在意识形态领域的指导地位，巩固全党全国人民团结奋斗的共同思想基础。坚持以什么思想理论为指导，是文化建设的首要问题。社会主义先进文化之所以先进，就在于它以马克思主义这一先进理论为指导。坚持马克思主义在意识形态领域指导地位的根本制度，关系到政党的性质、国家的方向，关系到民族的命脉、人心的凝聚，是历史的结论、现实的必然，意义重大而深远。共同的思想基础是党和人民事业兴衰成败的关键，只有巩固和发展共同思想基础，我们才能凝聚起各方面的智慧和力量，以思想淬炼筑牢信仰之基，坚守中国共产党人的精神支柱和政治灵魂，万众一心、奋力前行。

必须巩固马克思主义在意识形态领域的指导地位。列宁曾指出：“现代历史的全部经验，特别是《共产党宣言》发表后半个多世纪以来世界各国无产阶级的革命斗争，都无可争辩地证明，只有马克思主义的世界观才正确地反映了革命无产阶级的利益、观点和文化。”习近平总书记进一步指出，在坚持马克思主义指

《共产党宣言》是第一次全面阐述科学社会主义原理的伟大著作，是一个内容丰富的理论宝库。陈望道在 1920 年 4 月完成了《共产党宣言》一书的全文翻译工作，随后《共产党宣言》出版发行，轰动全国。《共产党宣言》的翻译出版有力推动了马克思主义理论在中国的广泛传播，在中国共产党和中国革命的历史上发挥了引领思想、激励精神、鼓舞斗志、凝聚力量的重要作用。图为 1920 年 8 月出版的第一版《共产党宣言》。

导地位这一根本问题上，我们必须坚定不移，任何时候任何情况下都不能有丝毫动摇。马克思主义始终是我们党和国家的指导思想，是我们认识世界、把握规律、追求真理、改造世界的强大思想武器。习近平新时代中国特色社会主义思想是马克思主义中国化时代化最新理论成果，是当代中国马克思主义、21世纪马克思主义。我们要坚持不懈用习近平新时代中国特色社会主义思想武装全党、教育人民、推动工作，全面系统掌握这一思想的基本观点、科学体系，把握好这一思想的世界观和方法论，坚持好、运用好贯穿其中的立场观点方法，引导人们深刻领会和把握蕴含其中的坚定信仰信念、鲜明人民立场、强烈历史担当、求真务实作风、勇于创新精神和科学思想方法，不断增进对党的创新理论的政治认同、思想认同、理论认同、情感认同。

必须巩固全党全国人民团结奋斗的共同思想基础。共同思想基础根源于共同利益，生长于共同事业，凝结于共同目标。新时代，我国正处于由大向强发展的关键阶段，社会主要矛盾已经转化为人民日益增长的美好生活需要和不平衡不充分的发展之间的矛盾。我国改革发展呈现出许多新的阶段性特征，社会思想观念和价值取向复杂多样，主流的与非主流的同时并存，先进的与落后的相互交织，呈现出多元、多样、多变的特点。加之我国在引领全球治理体系变革中的地位日益上升，面临的外部压力空前增大，面临的意识形态和思想文化渗透的形势更加严峻，斗争将是长期的、复杂的。社会思潮越是纷繁复杂，越需要主旋律，越需要用一元化的指导思想引领多样化的社会意识，最大限度凝聚社会思想共识。2014年9月，习近平总书记在北京师范大学主楼参观展览时，从展台上拿起一本课标书翻看。“我很不赞成把古代经典诗词和

足迹

2014年9月9日，习近平总书记到北京师范大学考察，同学校师生代表座谈时指出，广大教师要始终同党和人民站在一起，自觉做中国特色社会主义的坚定信仰者和忠实实践者，忠诚于党和人民的教育事业。图为北京师范大学校训“学为人师、行为世范”。

散文从课本中去掉，‘去中国化’是很悲哀的。应该把这些经典嵌在学生脑子里，成为中华民族文化的基因。”一个多月后，指引中国文艺前进方向的文艺工作座谈会召开。习近平总书记有力的话语直抵人心：“如果‘以洋为尊’‘以洋为美’‘唯洋是从’，把作品在国外获奖作为最高追求，跟在别人后面亦步亦趋、东施效颦，热衷于‘去思想化’‘去价值化’‘去历史化’‘去中国化’‘去主流化’那一套，绝对是没有前途的！”必须以高度的政治自觉，在多元中立主导、在多样中谋共识、在多变中把方向，学懂弄通做实习近平新时代中国特色社会主义思想，坚持用中国特色社会主义共同理想激励广大党员、干部和人民群众，推动形成既有国家统一意志又有个人心情舒畅、既包容多样又有力抵制各种错误思潮和腐朽思想、既坚守基本的社会思想道德又向着更高目标前进的生动局面，不断增强中国特色社会主义的道路自信、理论自信、制度自信、文化自信，画好强国建设、民族复兴伟业的最大“同心圆”。

意识形态关乎旗帜、关乎道路、关乎国家政治安全，决定着中华民族伟大复兴的精神力量。历史反复告诉我们，一个政权的瓦解往往是从思想领域开始的。政治动荡、政权更迭可能在一夜之间发生，但思想演化是个长期过程；思想防线被攻破了，其他防线就很难守住。在意识形态领域的斗争上，我们没有任何妥协、退让的余地，必须取得全胜。要贯彻落实好党的二十届三中全会精神，完善意识形态工作责任制。健全用党的创新理论武装全党、教育人民、指导实践工作体系，完善党委（党组）理论学习中心组学习制度，推动学习贯彻习近平新时代中国特色社会主义思想常态化制度化。哲学

马克思主义理论研究和建设工程

我国巩固马克思主义在意识形态领域指导地位的基础工程，一项重大的理论创新工程。2004年1月，中共中央发出《关于进一步繁荣发展哲学社会科学的意见》，提出实施马克思主义理论研究和建设工程。之后，中共中央办公厅转发《中央宣传思想工作领导小组关于实施马克思主义理论研究和建设工程的意见》，对工程实施作出部署。多年来，该工程在马克思主义经典著作编译和基本观点研究、毛泽东思想和中国特色社会主义理论体系研究、重大理论问题和现实问题研究、学科体系和教材体系建设、人才队伍建设等方面取得重大进展，在凝聚哲学社会科学界力量、推动党的思想理论建设、促进哲学社会科学繁荣发展等方面发挥了重要作用。近日，党的二十届三中全会强调，要“创新马克思主义理论研究和建设工程，实施哲学社会科学创新工程，构建中国哲学社会科学自主知识体系”。

社会科学是意识形态的重要支撑，要创新马克思主义理论研究和建设工程，实施哲学社会科学创新工程，面向中国田野、解决中国问题、形成中国理论。

建设具有强大凝聚力和引领力的社会主义意识形态，务必敢于斗争、善于斗争。习近平总书记指出："必须把意识形态工作的领导权、管理权、话语权牢牢掌握在手中，任何时候都不能旁落，否则就要犯无可挽回的历史性错误。"敢不敢斗争、会不会斗争成为检验意识形态工作成效的重要标尺。宣传思想文化战线的同志要当战士、不当绅士，增强阵地意识，敢抓敢管，敢于亮剑。

旗帜鲜明拿起勇于斗争、敢于辨析的有力武器。当前，一些人受西方错误思潮影响，要么有意无意弱化、淡化意识形态，宣扬"意识形态虚假论""意识形态无用论"等论调；要么蓄意制造事端，把个体事件片面意识形态化。还有人在大是大非面前，或奉行"鸵鸟政策"，或热衷于当"谦谦君子"，或用"不争论""不炒热""让说话"为自己开脱。在第三十三届奥运会上，美国等西方国家的媒体企图通过炒作兴奋剂问题把体育政治化，对此，战斗在采访一线的中国记者没有失声，他们通过不同的方式在这场舆论战中采取主动，为维护中国体育国际声誉与形象给予有力回击。这深刻启示我们，意识形态领域不是风花雪月，不是和风细雨，而是考场和战场，需要我们准确把握意识形态的本质内涵，廓清笼罩在意识形态问题上的理论迷雾，对各种错误思想敢于亮剑，坚决反对和抵制一切违背、歪曲、否定党的基本理论、基本路线、基本方略的言行。

坚持不懈抓好抓实阵地建设和管理。正反两方面的经验表明，意识形态阵地既要"守住"，也要"占领"。"守住"就是要完善机制，严格制度，加强日常监管，把住重点关口，确保意识形态阵地可管可控。“占领”就是要抓住机遇，既“守阵地”又“拓疆土”，准确识变、科学应变、主动求变，严格落实意识形态工作责任制，始终守牢主阵地、唱响主旋律。

3. 全党动手一起来做

习近平总书记指出，“做好宣传思想工作必须全党动手。”文化建设是政治性强、涉及面广、影响力大的系统工程。加强党的文化领导权，要落实和体现在各方面各环节全过程。必须树立大宣传的工作理念，动员各条战线各个部门一起来做，充分调动各方力量、运用各种资源，共同打好“组合拳”，奏响“交响乐”。

党中央是大脑和中枢，党中央必须有定于一尊、一锤定音的权威。坚持党的文化领导权，必须深刻领悟“两个确立”的决定性意义，增强“四个意识”、坚定“四个自信”、做到“两个维护”，自觉在思想上政治上行动上同以习近平同志为核心的党中央保持高度一致。文化工作本质上是政治工作，旗帜鲜明讲政治是根本原则和首要要求。各级党委（党组）要切实强化政治责任和领导责任，带头把方向、抓导向、管阵地、强队伍，悉心做好干部配备、人才培养、资源投入等工作，调动各方面积极性主动性创造性，汇聚起文化强国建设的强大合力，为担负新时代的文化使命提供坚强的政治保证。宣传思想文化部门工作要强起来，首先领导干部要强起来，班子要强起来。各级党委（党组）要选好配强领导班子，关心爱护宣传思想文化干部，对不适合、不适应的坚决作

足迹

2016年2月19日，习近平总书记主持召开党的新闻舆论工作座谈会并到人民日报社、新华社、中央电视台调研。在座谈会上，习近平总书记深刻指出："宣传思想战线的同志要当战士、不当绅士，不做'骑墙派'和'看风派'，不能搞爱惜羽毛那一套。宣传思想战线的同志要履行好自己的神圣职责和光荣使命，以战斗的姿态、战士的担当，积极投身宣传思想领域斗争一线。"图为人民日报社全媒体指挥中心"中央厨房"。

出调整，确保宣传思想文化工作领导权牢牢掌握在忠于党和人民的人的手中。一分部署，九分落实。对党中央确立的文化体制机制改革的各项方针政策，要以钉钉子精神一抓到底，科学制定任务书、时间表、优先序，以实绩实效和人民群众的满意度检验文化改革发展成果。

新时代是文化建设任务更加繁重的时期，也是宣传思想文化战线大有作为的时期。宣传思想文化工作的对象、方式、手段、机制出现了许多新情况、新特点，人民群众对工作的要求也发生了很大变化。要深入总结我们党关于宣传思想文化工作的宝贵历史经验，把握理念创新、手段创新、基层工作创新等的原则和方法，不断增强宣传思想文化工作的主动性、针对性和实效性，特别是要提升信息化条件下文化领域治理能力，在思想上、精神上、文化上筑牢党的执政基础和群众基础。要树牢一盘棋的大局意识，自觉突破宣传工作部门的局限，打破宣传思想文化工作领域各方面工作的壁垒，打通宣传思想文化工作与各方面工作的内在关联。要创造性地把宣传思想文化工作同经济社会高质量发展更加紧密地结合起来，同解决人民群众急难愁盼问题结合起来，以文化人、以文育人、以文润心，提高人民群众文化的获得感幸福感，不断提振人民群众干事创业的精气神。

党员干部是文化的先行者、建设者。必须坚持党性原则，站稳政治立场，“坚持什么、反对什么”必须旗帜鲜明，“说什么话、做什么事”必须符合党的要求。在事关中国特色社会主义文化事业前途命运的大是大非问题上坚定不移，在维护国家文化安全和利益上敢于针锋相对，增强文化自信，发展社会主义先进文化，弘扬革命文化，传承中华优秀传统文化，自觉做真善美的追求者和传播者。

众人划桨开大船。习近平总书记指出，动员各条战线各个部门一起来做，把宣传思想工作同各个领域的行政管理、行业管理、社会管理更加紧密地结合起来。我们坚信，只要各级党委都发声，宣传部门全发声，各个方面齐发声，每名党员干部都参与其中，拢指成拳，一呼百应，全党一起动手的工作大格局就能立起来、强起来。

E起学习

1. 习近平：《高举中国特色社会主义伟大旗帜　为全面建设社会主义现代化国家而团结奋斗——在中国共产党第二十次全国代表大会上的报告》，《求是》2022年第21期。
2. 习近平：《在庆祝中国共产党成立95周年大会上的讲话》，《人民日报》2016年7月2日。
3. 习近平：《在党的十九届七中全会第二次全体会议上的讲话》，《求是》2022年第23期。
4. 习近平：《在全国党校工作会议上的讲话》，《求是》2016年第9期。

“两个文明”都要搞好

中国式现代化是物质文明和精神文明相协调的现代化。物质富足、精神富有是社会主义现代化的根本要求。物质贫困不是社会主义，精神贫乏也不是社会主义。我们不断厚植现代化的物质基础，不断夯实人民幸福生活的物质条件，同时大力发展社会主义先进文化，加强理想信念教育，传承中华文明，促进物的全面丰富和人的全面发展。

——2022 年 10 月 16 日，习近平总书记在中国共产党第二十次全国代表大会上的报告

翻开“十四五”规划纲要，展望未来经济社会发展主要目标，“经济发展取得新成效”“改革开放迈出新步伐”位居前列，“社会文明程度得到新提高”紧随其后。越是接近目标，越需要准备付出更为艰巨、更为艰苦的努力，越需要增强人民力量、振奋民族精神。

中国式现代化是物质文明和精神文明相协调的现代化。“两个文明”都要搞好，这是我们党推进经济社会发展的实践经验总结，也是担负新时代的文化使命的思想自觉、行动自觉。习近平总书记强调，要“以辩证的、全面的、平衡的观点正确处理物质文明和精神文明的关系”。在推进现代化建设的过程中，必须把物质文明和精神文明相协调的重大原则要求贯穿始终，不仅要在物质上强大起来，而且要在精神上强大起来，重视发挥文化养心志、育情操的作用，涵养全民族昂扬奋发的精神气质，在共同发展中凝聚起亿万人民奋进新征程的磅礴伟力。

第二节 “十四五”时期经济社会发展主要目标

——经济发展取得新成效。发展是解决我国一切问题的基础和关键，发展必须坚持新发展理念，在质量效益明显提升的基础上实现经济持续健康发展，增长潜力充分发挥，国内生产总值年均增长保持在合理区间、各年度视情提出，全员劳动生产率增长高于国内生产总值增长，国内市场更加强大，经济结构更加优化，创新能力显著提升，全社会研发经费投入年均增长7%以上、力争投入强度高于“十三五”时期实际，产业基础高级化、产业链现代化水平明显提高，农业基础更加稳固，城乡区域发展协调性明显增强，常住人口城镇化率提高到65%，现代化经济体系建设取得重大进展。

——改革开放迈出新步伐。社会主义市场经济体制更加完善，高标准市场体系基本建成，市场主体更加充满活力，产权制度改革和要素市场化配置改革取得重大进展，公平竞争制度更加健全，更高水平开放型经济新体制基本形成。

——社会文明程度得到新提高。社会主义核心价值观深入人心，人民思想道德素质、科学文化素质和身心健康素质明显提高，公共文化服务体系和文化产业体系更加健全，人民精神文化生活日益丰富，中华文化影响力进一步提升，中华民族凝聚力进一步增强。

——生态文明建设实现新进步。国土空间开发保护格局得到优化，生产生活方式绿色转型成效显著，能源资源配置更加合理、利用效率大幅提高，单位国内生产总值能源消耗和二氧化碳排放分别降低13.5%、18%，主要污染物排放总量持续减少，森林覆盖率提高到24.1%，生态环境持续改善，生态安全屏障更加牢固，城乡人居环境明显改善。

——民生福祉达到新水平。实现更加充分更高质量就业，城镇调查失业率控制在5.5%以内，居民人均可支配收入增长与国内生产总值增长基本同步，分配结构明显改善，基本公共服务均等化水平明显提高，全民受教育程度不断提升，劳动年龄人口平均受教育年限提高到11.3年，多层次社会保障体系更加健全，基本养老保险参保率提高到95%，卫生健康体系更加完善，人均预期寿命提高1岁，脱贫攻坚成果巩固拓展，乡村振兴战略全面推进，全体人民共同富裕迈出坚实步伐。

——国家治理效能得到新提升。社会主义民主法治更加健全，社会公平正义进一步彰显，国家行政体系更加完善，政府作用更好发挥，行政效率和公信力显著提升，社会治理特别是基层治理水平明显提高，防范化解重大风险体制机制不断健全，突发公共事件应急处置能力显著增强，自然灾害防御水平明显提升，发展安全保障更加有力，国防和军队现代化迈出重大步伐。

1. 精神文明的力量

习近平总书记指出，党的群众基础和执政基础包括物质和精神两方面。精神文明是社会进步的重要标志，直接反映了这个社会的文化、教育、科技、道德等方面的发展状况，决定了个人的世界观、人生观、价值观等方面的取向和追求。社会主义精神文明是以马克思主义为指导，它的发展需要物质文明提供物质条件和实践经验，同时，又为物质文明的发展提供精神动力、智力支持和思想保证。

人无精神不立，国无精神不强。“丹青难写是精神”。精神无形，却最有力量！一个人没有精神会萎靡不振，一个国家没有精神经不住风浪。中华民族之所以能够在历史长河中顽强生存、不断发展，一个很重要的原因就在于具有一脉相承的精神追求、精神特质、精神脉络。马克思主义认为，物质决定精神，精神反作用于物质，精神的反作用是人的主观能动性的重要体现。毛泽东指出，人是要有一点精神的。邓小平也勉励，要有那么一股气呀、劲呀。迈入新时代，习近平总书记深刻指出，一个没有精神力量的民族难以自立自强，一项没有文化支撑的事业难以持续长久。2020 年 10 月 19 日，习近平总书记在参观“铭记伟大胜利　捍卫和平正义——纪念中国人民志愿军抗美援朝出国作战 70 周年主题展览”时，看到展厅里一边是美军精良的军械和皮靴手套，一边是志愿军简陋的装备和单薄的衣装，感慨万千，“真是奇迹啊！他们是‘钢多气少’，我们是‘钢少气多’”。这里的“气”就是抗美援朝精神。精神富有必将产生无穷的力量，从而克难制胜，成就事业。中华优秀传统文化、革命文化、社会主义先进文化正滋养着一代代中华儿女砥砺前行。

2020年10月19日，纪念中国人民志愿军抗美援朝出国作战70周年主题展览在北京开幕。习近平总书记在参观展览时强调，在新时代继承和弘扬伟大抗美援朝精神，为实现中华民族伟大复兴而奋斗。图为中国人民革命军事博物馆。

历史告诉我们，没有先进文化的积极引领，没有人民精神世界的极大丰富，没有民族精神力量的不断增强，一个国家、一个民族不可能屹立于世界民族之林。1840年鸦片战争以后，中国逐步沦为半殖民地半封建社会，国家蒙辱、人民蒙难、文明蒙尘，中华民族遭受了前所未有的劫难。“十月革命一声炮响”，给我们送来了马克思主义，成为黑暗中艰苦摸索的中国人民的“精神灯塔”。中国共产党人把马克思主义写在自己的旗帜上，担负起创造民族的科学的大众的文化的使命，中国的面貌从此焕然一新。在实现中华民族伟大复兴的进程中，我们形成了群星闪耀的民族精神，特别是在中国共产党领导下，我们构建起以伟大建党精神为源头的中国共产党人的精神谱系，凭着那么一股革命加拼命的强大精神，带领亿万人民铿锵前行。时代变化，社会发展，精神因赓续传承激发出更强大的力量。唯有精神上站得住、站得稳，一个民族才能在历史洪流中屹立不倒、挺立潮头。

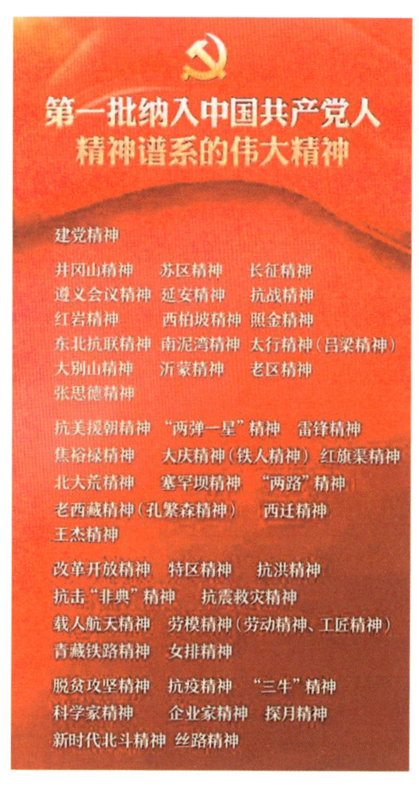

精神文明要在头脑里面搞建设。“在头脑里面搞建设”就是用科学理论武装头脑，用马克思主义经典作家的话来说就是“理论掌握群众”“理论灌输”。毛泽东在《人的正确思想是从哪里来的？》一文中提出“物质可以变精神、精神可以变物质”的命题，

1963 年 5 月，毛泽东在修改《中共中央关于目前农村工作中若干问题的决定（草案）》时增写了一段话，即今天人们所熟知的《人的正确思想是从哪里来的？》一文。这篇文章简洁明晰，虽不足 1100 字，但其蕴含的哲学思想却十分丰富。图为《人的正确思想是从哪里来的？》封面。

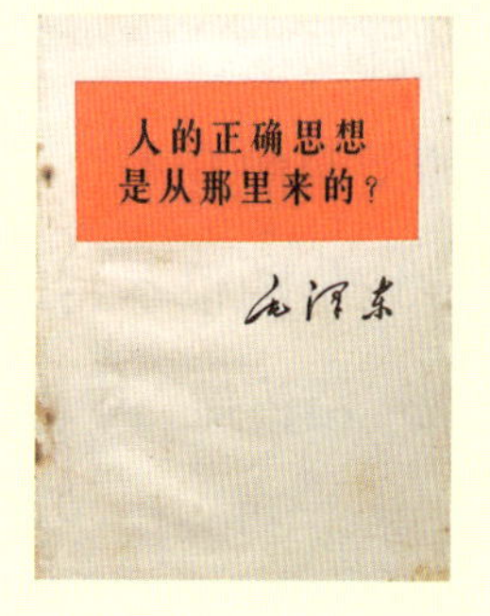

认为“认识世界”是物质变精神的问题，“改造世界”是精神变物质的问题。对物质文明和精神文明辩证关系的处理，在各国现代化进程中呈现出不同样貌，也在中国现代化发展历史进程中不断得到升华。习近平总书记反复强调坚持“两手抓、两手都要硬”，指出“当高楼大厦在我国大地上遍地林立时，中华民族精神的大厦也应该巍然耸立”。以习近平同志为核心的党中央把精神文明建设放在统筹推进“五位一体”总体布局和协调推进“四个全面”战略布局的重要位置，将物质文明和精神文明建设推向更高水平。

“在头脑里面搞建设”，看似无形，实则有形。“搞建设”就是要夯实我们的思想根基，坚定我们的信仰信念，培育共同的精神家园，在我们的头脑中矗立起一座巍峨的精神大厦。要把学懂弄通马克思主义理论作为“压舱石”，融会贯通马克思主义中国化时代化最新理论成果，明辨大是大非，不断汲取真理的力量。要把坚定理想信念作为“定盘星”，牢固树立共产主义远大理想和中国特色社会主义共同理想，补足精神之钙，练就“金刚不坏之身”。要把共建共享作为落脚点，激发全社会共同参与的积极性、主动性、创造性，让文明的种子播撒在中华沃土上，让文明之花在中华大地上绽放。

习近平总书记指出，“当今中国正处于实现中华民族伟大复兴关键时期，国家强盛、民族复兴需要物质文明的积累，更需要精神文明的升华”。我们确立和坚持马克思主义在意识形态领域指导地位的根本制度，党的创新理论深入人心，社会主义核心价值观广泛传播，中华优秀传统文化得到创造性转化、创新性发展，文化事业和文化产业日益繁荣，网络生态持续向好，意识形态领域形势发生全局性、根本性转变，全党全国各族人民文化自信明显增强，精神面貌更加奋发昂扬。行百里者半九十。中华民族伟大复兴绝不是轻轻松松、敲锣打鼓就能实现的。在前进道路上，我们面临的风险考验只会越来越复杂，甚至会遇到难以想象的惊涛骇浪；面临的各种斗争不是短期的而是长期的，至少要伴随我们实现第二个百年奋斗目标的全过程。攻坚克难、砥砺奋进，是物质的角力，也是精神的对垒。我们要建设好中华民族共有精神家园，以文化繁荣兴盛为全面推进中华民族伟大复兴提供更为主动、更为强大的精神力量。

放眼 2035 年，党的二十大明确的一系列奋斗目标，勾勒出物质文明和精神文明相协调的现代化美好图景。强化“硬实力”，建成制造强国、质量强国、贸易强国、航天强国、交通强国、农业强国；着眼“软实力”，建成教育强国、文化强国、网络强国、体育强国……中国特色社会主义是全面发展、全面进步的伟大事业。新征程上，我们必须全面增强经济实力、科技实力、综合国力，聚焦建设社会主义文化强国，为实现第二个百年奋斗目标提供思想保证、舆论支持、精神动力和文化条件。

2. 中国式现代化的根本要求

物质贫困不是社会主义，精神贫乏也不是社会主义，两个文明都搞好，才是中国特色社会主义。中国式现代化既要不断厚植现代化的物质基础，还要大力发展社会主义先进文化，加强理想信念教育，传承中华文明，促进物的全面丰富和人的全面发展。

文明是人类改造世界的成果。物质文明、精神文明是人类文明的重要内容。物质文明为精神文明提供必要的物质前提与现实条件，精神文明为物质文明提供有力的精神动力和智力支持。世界发展经验也表明，现代化的程度越高，文化对经济的贡献程度就越高，越能以“文化跃迁”助推高质量发展。一个民族，只有文化繁荣展示出比物质和资本更强大的力量，才能造就更大的文明进步；一个国家，只有经济发展体现出持续深厚的文化品格，才能进入更高的发展阶段。物质文明和精神文明的发展存在不平衡性。放眼世界历史，不乏这样的国家和民族，其物质文明很发达，但精神文化却很萎靡，看似坚不可摧的物质成就却因精神领域的溃败而崩塌；也有反向的例子，一些国家和民族因其灿烂文化“征服”了野蛮的入侵者，自身却因国力衰微依然难逃覆灭的厄运。物质富足、精神富有是社会主义现代化的根本要求。实现中国式现代化是物质文明与精神文明比翼双飞的发展过程，随着中国经济社会不断发展，中华文明也必将顺应时代发展焕发出更加蓬勃的生命力。我们必须坚持“两手抓、两手都要硬”，推动中国式现代化行稳致远。

先进的文明建筑在先进生产力的基础之上，发展是解决一切问题的基础和前提。没有新中国 75 年发展积累的物质基础，没有世界第二大经济体奠定的雄厚实力，就不会有人民群众精神殿堂的巍然屹立，精神文明建设就成了无源之水、无本之木。党的十八大以来，以习近平同志为核心的党中央，坚持把实现人民对美好生活的向往作为出发点和落脚点，采取一系列战略性举措，推进一系列变革性实践，实现一系列突破性进展，取得一系列标志性成果，创造了经济快速发展和社会长期稳定的奇迹，为中国式现代化提供了更为殷实的物质基础。放眼神州大地，今天的中国成为世界第二大经济体、第一大工业国、第一大货物贸易国，建成世界最大规模教育体系、社保体系，特别是我们打赢了人类历史上规模最大的脱贫攻坚战，14 亿多人迈入全面小康社会，书写了物质文明精彩篇章，极大激发了民族自信心和自豪感，中国人民焕发出前所未有的历史主动精神、历史创造精神。

打开事业发展新天地，需要以物质为基础，也需要用精神做引领。改革开放以来，我国经济发展很快，人民生活水平提高也

2015 年 2 月 28 日，习近平总书记在人民大会堂金色大厅会见第四届全国文明城市、文明村镇、文明单位和未成年人思想道德建设工作先进代表时指出：“人民有信仰，民族有希望，国家有力量。实现中华民族伟大复兴的中国梦，物质财富要极大丰富，精神财富也要极大丰富。我们要继续锲而不舍、一以贯之抓好社会主义精神文明建设，为全国各族人民不断前进提供坚强的思想保证、强大的精神力量、丰润的道德滋养。”图为全国文明村镇湖南省花垣县花垣镇蚩尤村。

很快。同时，我国社会正处在思想大活跃、观念大碰撞、文化大交融的时代，精神文明建设还存在短板与不足。新时代以来，我们大力推进精神文明建设，满足人民群众多样化、多层次、多方面的精神文化需求，一个“家家仓廪实衣食足，人人知礼节明荣辱”的社会主义中国正呈现在世人面前。人民有信仰、国家有力量、民族有希望。推进强国建设、民族复兴伟业需要更为强大的价值引导力、文化凝聚力、精神推动力，必须一以贯之推进社会主义精神文明建设，丰富人民精神世界、增强人民精神力量，促进人的全面发展。

我们坚持物质文明与精神文明协调发展，走出了一条不同于西方现代化的道路。以往一些国家的现代化的一个重大弊端就是物质主义过度膨胀。强大的物质基础、人的物质生活资料丰富当然是现代化的题中应有之义，但如果人只追求物质享受，没有健康的精神追求和丰富的精神生活，成为社会学家描述的那种“单向度的人”，丰富多彩的人性蜕变为单一的物质欲望，那也是人类的悲剧。在资本逻辑主导之下，物欲的天堂与精神的牢笼是它的写照。正如20世纪30年代的经典电影《摩登时代》中的主人公查理，他在西方现代化工厂中重复着单调、机械的工作，他为流水线所支配，成为机器的附庸，失去了自我和个性。在所谓的“摩登时代”，人的价值被贬低，精神世界变得日益空虚。这就是马克思所痛恶的“物的世界的增值同人的世界的贬值成正比”。

电影《摩登时代》是艺术家卓别林的代表作，反映了20世纪30年代美国经济大萧条时期普通工人的悲惨工作状况。

今天，我们更加深刻地感到，中国式现代化是对西方现代化困境的批判反思与突破，是克服西方现代化流弊的必然选择，真正超越了西方现代化的单向度文明，代表着人类文明的发展方向。

3. 提升全社会文明程度

习近平总书记指出："文明是现代化国家的显著标志。要把提高社会文明程度作为建设社会主义文化强国的重大任务。"新征程上，我们要把提高社会文明程度作为主要目标，加快推动形成适应新时代要求的思想观念、精神面貌、文明风尚、行为规范，让文明之风浸润中华大地。

国家之魂，文以化之，文以铸之。《易经》中记载："刚柔交错，天文也；文明以止，人文也。观乎天文，以察时变；观乎人文，以化成天下。"人文教化在提升人的文明素养和提高全社会文明程度方面发挥着不可替代的作用，既影响个人的价值观念和言行举止，也影响社会运行的秩序。全社会文明程度的提高，就是塑造一个外在更加靓丽、内在更有内涵的社会肌体。

人文之光照亮高质量发展之路。中国先哲对于物质文明和精神文明的关系问题一直有着深刻的思辨，孔子认为"庶""富""教"是国家治理的三大要素，分别指向人、经济、文化。我们党汲取中华优秀传统文化智慧，致力于当代中国的精神文明建设。习近平总书记指出，"上有天堂下有苏杭，苏杭都是在经济发展上走在前列的城市。文化很发达的地方，经济照样走在前面。可以研究一下这里面的人文经济学。"这体现了文化与经济的交融互动、融合发展。文化赋予经济发展以深厚的人文价值，使人的经济活动与动物的谋生行为有质的区别。近年来，从“尔滨”爆火出圈到网红城市持续“上新”，从“萌娃大串门”到南北大联欢……持续攀升的文旅消费热度，升腾着经济发展温度，向世界展现着中国式现代化的新气象。对于今天的中国来说，人文经济以人的全面发展为最终目标，是契合高质量发展和中国式现代化要求的新型经济形态，体现了对发展本质的回归，超越了西方经济学的狭隘视野，是人文精神的时代张扬，更是全社会文明程度的提升。

文明程度彰显发展的底色和亮色。社会文明程度，很重要地是看社会风气、精神风貌、人文氛围。可以讲，良好的社会风尚彰显着一个社会的文明程度，影响着一个社会的精神塑造，蕴含着一个社会健康向上的力量。

2024 年哈尔滨文旅爆火，中央大街人头攒动

广西“小砂糖橘”在哈尔滨极地公园与企鹅亲密互动

足迹

2022年4月13日，习近平总书记在海南考察时指出："越是深化改革、扩大开放，越要加强精神文明建设。要持之以恒抓好理想信念教育，培育和弘扬社会主义核心价值观，广泛开展群众性精神文明创建活动，不断提升人民文明素养和社会文明程度。"图为海南省五指山市水满乡毛纳村举办趣味运动会，丰富村民精神文化生活。

弘扬中华传统美德，传承好家教、培育好家风至关重要。古人云："积善之家，必有余庆；积不善之家，必有余殃"。习近平总书记指出："家庭是社会的基本细胞，千千万万个家庭的家风好，子女教育得好，社会风气好才有基础。"家是最小国，国是千万家。家风是一个家庭的精神内核，也是一个社会的价值缩影。重视家风在社会中的熏陶和教化作用，能增添社会正能量，维系良好社会风气。涵养良好家风，需要在共同升华爱国爱家的家国情怀、建设相亲相爱的家庭关系、弘扬向上向善的家庭美德、体现共建共享的家庭追求上持续发力，选树更多的“最美家庭”，让德者有得蔚然成风，以千千万万家庭的好家风支撑起全社会的好风气。

凝聚精神力量，离不开榜样的示范带动作用。榜样的力量是无穷的。2023 年底，“中央宣传部追授鲍卫忠同志‘时代楷模’称号”的消息刷屏，一周时间内，全网阅读量累计超 2.6 亿次。从“时代楷模”“最美人物”“中国好人”等持续发布，到正式启动第九届全国道德模范评选表彰活动、举办表彰大会表彰全国“三八红旗手”和全国“巾帼建功”标兵等先进典型，从精心组织“学雷锋纪念日”活动，到致敬防汛抗洪、抗震救灾和灾后恢复重建中的逆行身影、凡人善举，犹如一面面鲜艳的旗帜、一个个闪亮的灯塔，为全社会树立了新时代的精神标杆。习近平总书记在会见第四届全国道德模范及提名奖获得者时，面对全国道德模范、甘祖昌将军夫人龚全珍，饱含深情地说，“我当小学生时就有这

鲍卫忠，云南沧源人，生前系云南省沧源佤族自治县人民法院党组成员、执行局局长。他长期扎根我国西南边陲，对党忠诚、公正司法，为民族地区繁荣稳定贡献法治力量；他始终珍视民族团结，深入村寨普法释法，依法保护各族群众合法权益，被当地群众亲切地称为佤山法治“老黄牛”；他严于律己、清正廉洁，彰显了新时代人民法官的政治本色。2021 年 10 月，鲍卫忠在工作岗位上突发疾病，经抢救无效不幸去世。2022 年 9 月，被追授“全国模范法官”称号。2023 年底，被追授“时代楷模”称号。

> 中国体育代表团坚持拿道德的金牌、风格的金牌、干净的金牌，弘扬了体育道德风尚，赢得了广泛尊重认可，充分展现了新时代中国形象。赛场上，大家遵守规则、尊重对手、尊重裁判、尊重观众，保持良好的赛风赛纪和文明礼仪，胜不骄、败不馁，在竞技上、道德上、风格上都拿到了金牌。
>
> ——习近平总书记在接见第三十三届奥运会中国体育代表团时的讲话

篇课文，内容就是将军当农民，我们深受影响。至今半个世纪过去，看到龚老现在仍然弘扬着这种精神，今天看到她又当选全国道德模范，出席我们今天的会议，我感到很欣慰。”“我们要弘扬这种艰苦奋斗精神，不仅我们这代人要传承，我们的下一代也要弘扬，要一代一代传承下去。”要优化英模人物宣传学习机制，创新爱国主义教育和各类群众性主题活动组织机制，推动全社会崇尚英雄、缅怀先烈、争做先锋。要持续丰富典型示范的方式渠道，打破榜样的时空界限，将“向典型学习、向榜样致敬”融入新时代广大人民群众创造历史的伟大奋斗之中，转化为广大人民群众砥砺前行的生动实践。用榜样的力量温暖人、鼓舞人、塑造人，令全社会见贤思齐、锐意进取，汲取英雄的力量，创造新的历史。

共和国勋章

中华人民共和国最高荣誉勋章，授予在中国特色社会主义建设和保卫国家中作出巨大贡献、建立卓越功勋的杰出人士，通过最高规格褒奖功勋模范人物，弘扬民族精神和时代精神，充分发挥党和国家功勋荣誉表彰的精神引领、典型示范作用。2019—2023年，共有9人被授予“共和国勋章”：于敏、申纪兰、孙家栋、李延年、张富清、袁隆平、黄旭华、屠呦呦、钟南山。2024年，在庆祝中华人民共和国成立75周年之际，又有4人被授予“共和国勋章”：王永志、王振义、李振声、黄宗德。

文化建设是在精神领域搞建设，与盖大楼、修高速公路不一样，不是三年五年能见效的，如果没有长期的积累，就不可能有大的飞跃。从这个角度来讲，提高全社会文明程度是一项系统的工程，需要各方协同配合、共同发力，多措并举、多管齐下，绵绵用力、久久为功，为中国式现代化注入“文明力量”。要聚焦农村这一精神文明建设的重点，深入实施文明乡风建设工程，弘扬新风正气，倡导科学精神，推进移风易俗，焕发乡村文明新气象。要深入实施公民道德建设工程，构建中华传统美德传承体系，健全社会公德、职业道德、家庭美德、个人品德建设体制机制，健全诚信建设长效机制，教育引导全社会自觉遵守法律、遵循公序良俗，坚决反对拜金主义、享乐主义、极端个人主义和历史虚无主义。积极探索网上思想道德教育分众化、精准化实施机制，创新方式方法，增强说服力感染力。建立健全道德领域突出问题协同治理机制，解决好群众反映强烈的道德问题。进一步在全社会弘扬劳动精神、奋斗精神、奉献精神、创造精神、勤俭节约精神，培育时代新风新貌。广泛开展志愿服务关爱行动，使“我为人人、人人为我”在全社会蔚然成风，为全面建设社会主义现代化提供可靠丰厚的精神支撑。

E起学习

1. 习近平：《在北京大学师生座谈会上的讲话》，《人民日报》2018年5月3日。
2. 习近平：《一个国家、一个民族不能没有灵魂》，《求是》2019年第8期。
3. 习近平：《在教育文化卫生体育领域专家代表座谈会上的讲话》，《人民日报》2020年9月23日。

“两个结合”是最大法宝

在五千多年中华文明深厚基础上开辟和发展中国特色社会主义，把马克思主义基本原理同中国具体实际、同中华优秀传统文化相结合是必由之路。这是我们在探索中国特色社会主义道路中得出的规律性认识。我们一直强调把马克思主义基本原理同中国具体实际相结合，现在我们又明确提出“第二个结合”。我说过，如果没有中华五千年文明，哪里有什么中国特色？如果不是中国特色，哪有我们今天这么成功的中国特色社会主义道路？只有立足波澜壮阔的中华五千多年文明史，才能真正理解中国道路的历史必然、文化内涵与独特优势。

历史正反两方面的经验表明，“两个结合”是我们取得成功的最大法宝。

——2023 年 6 月 2 日，习近平总书记在文化传承发展座谈会上的讲话

我们党在思想理论上有两个“老祖宗”，一个是马克思主义，一个是中华优秀传统文化。如何坚持和发展马克思主义？毛泽东作出了第一个回答。在庆祝中国共产党成立100周年大会上，习近平总书记把“第二个结合”与“第一个结合”相提并论，明确提出了“两个结合”的重大论断：“坚持把马克思主义基本原理同中国具体实际相结合、同中华优秀传统文化相结合”。

“两个结合”特别是“第二个结合”的提出，表明我们党对中国道路、理论、制度的认识达到了新高度，表明我们党的历史自信、文化自信达到了新高度，开创了我们党理论创新的新格局。“两个结合”是开辟和发展中国特色社会主义的必由之路，是我们取得成功的最大法宝。

1. 守好魂脉与根脉

“我从哪里来？又要到哪里去？”这是个常被人追问的哲学问题。一个人如果丢掉根基，就不知自己来自哪里；一个人如果失去灵魂，就不知自己要走向何方。大到一个国家、民族，小到一个组织、个人，概莫能外。习近平总书记强调：“马克思主义中国化时代化这个重大命题本身就决定，我们决不能抛弃马克思主义这个魂脉，决不能抛弃中华优秀传统文化这个根脉。”这是我们党对马克思主义和中华优秀传统文化定位的新判断、新认识，为创造属于我们这个时代的新文化提供了根本遵循。

马克思主义是魂脉。在汉语词汇里，我们常用“魂不附体”“魂不守舍”“失魂落魄”等成语形容“魂”之于“体”和“舍”的重要性。“魂”是方向、精华，代表着灵动和活力。习近平总书记的“魂脉”之喻，明确了马克思主义在文化建设中的统领地位，意味着它是思想理论体系的核心，起着统摄、引领、指导作用。马克思主义是魂脉，这不是自封的，而是源自理论的科学性、人民性、实践性、开放性。在人类思想史上，没有一种思想理论能达到马克思主义的高度，也没有一种学说能像马克思主义那样对世界产生如此巨大的影响。马克思主义犹如壮丽的日出，照亮了人类寻求自身解放的道路，第一次揭示了人类社会发展的一般规律，一扫旧唯物主义和唯心史观的阴霾。马克思主义第一次站在人民的立场上探求人类自由解放道路，以建立一个没有压迫、没有剥削、人人平等、人人自由的理想社会为奋斗目标。

一段时期以来，社会上一些人错误地认为马克思主义太旧了、过时了。“过时论”怀疑马克思主义指出的问题已不存在、对新问题已没有解释力，以此质疑马克思主义的科学性。对于什么是科学真理，不同的人可能有不同判断标准，但绝不能根据思想理论产生的时间先后进行判断。只要没有超出适用范围，真理就不会过时。同马克思生活的时代相比，现在人类社会确实发生了一系列显著变化，但资本主义社会的根本矛盾没有变，人类社会从

2021 年 2 月 20 日，习近平总书记在党史学习教育动员大会上指出：“在近代中国最危急的时刻，中国共产党人找到了马克思列宁主义，并坚持把马克思列宁主义同中国实际相结合，用马克思主义真理的力量激活了中华民族历经几千年创造的伟大文明，使中华文明再次迸发出强大精神力量。”就在这一年的 6 月 18 日，习近平总书记在参观“‘不忘初心、牢记使命’中国共产党历史展览”时再次强调“学好用好党的创新理论，赓续红色血脉”。图为群众正在参观中国共产党历史展览馆。

资本主义向社会主义过渡的时代背景没有变，人们对实现人的自由而全面的发展和全人类解放的追求没有变。在世纪之交的 1999 年，西方媒体发起投票推选“千年第一思想家”的活动，马克思高居榜首。这充分说明，马克思主义没有过时！喋喋不休的“过时论”经不起推敲和检验。马克思主义至今依然是具有重大国际影响的思想体系和话语体系，我们依然处在马克思主义所指明的历史时代。

“中国共产党为什么能，中国特色社会主义为什么好，归根到底是马克思主义行，是中国化时代化的马克思主义行！”马克思主义是党的理论创新的魂脉，自从中国人学会了马克思列宁主义以后，中国人在精神上就由被动转入主动。从最初在黑暗中寻求光明的一叶红船到承载民族复兴伟大梦想的巍巍巨轮，是马克思主义指引着我们党扬帆济海、破浪前行。中国共产党之所以能够在革命、建设、改革不同时期取得重大成就，领导人民完成中国其他政治力量不可能完成的艰巨任务，创造一个又一个人间奇迹，使中国人民的前途命运发生根本改变，让中华民族迎来了实现伟大复兴的光明前景，根本在于掌握了马克思主义的科学理论，并不断结合时代变化和中国发展实践，推进理论创新，掌握了强大的真理力量。

习近平新时代中国特色社会主义思想开辟了马克思主义中国化时代化新境界。新时代以来的伟大变革续写了中华民族五千多年的新辉煌，书写了社会主义五百多年的新画卷，展示了中国共产党百余年的新成就，谱写了新中国 75 年历史的新华章，呈现了改革开放 46 年历史的新图景，在党史、新中国史、改革开放史、社会主义发展史、中华民族发展史上具有里程碑意义，彰显了中国化时代化马克思主义的强大生命力，科学社会主义在中国大地上呈现出光明前景。

《习近平著作选读》第一卷收入的是习近平总书记在 2012 年 11 月至 2017 年 10 月这段时间内的重要著作，共有讲话、演讲、指示、批示、训令等 71 篇。第二卷收入的是习近平总书记在 2017 年 10 月至 2022 年 10 月这段时间内的重要著作，共有报告、讲话、谈话、演讲、指示等 75 篇。部分著作是第一次公开发表。

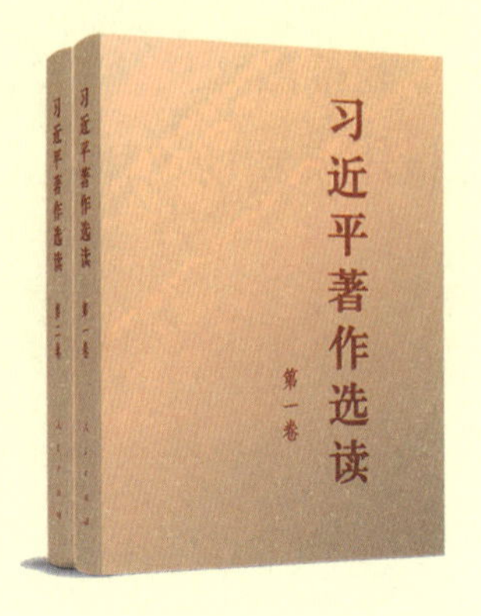

中华优秀传统文化是根脉。“江河万里总有源，树高千尺也有根”。“根脉”喻指一个国家、一个民族的文化根基、根源，意指中华优秀传统文化是中华民族的文化根脉、精神命脉，割不断、丢不得。当我们的目光游走于古代精美的文物时，怎能不惊叹于先贤的智慧和创造；当我们翻阅两千多年前的《诗经》时，怎能不被优美诗句和美好情愫打动！今天的人们向古代先贤投去那一瞥敬佩的目光，表达的是绿叶对根的情意。2023 年 5 月，我国与中亚五国领导人“长安复携手”。在我国赠送给中亚国家元首的礼品中，有一件“何尊”，其原型是我国国宝西周青铜器“何尊”，其铭文中的“宅兹中国”是“中国”一词迄今发现的最早来源。我们的祖先早已把“中国”二字烙上青铜器，传承至今。

中华优秀传统文化是思想文化的源泉和血脉，是一个民族生生不息的精神依托。它积淀了中华民族最深层的精神追求，中国

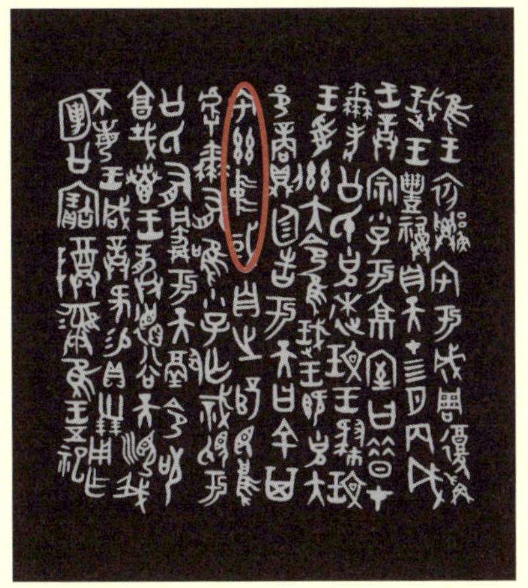

现收藏于宝鸡青铜器博物院的青铜器“何尊”，其铭文上可看见“宅兹中国”四个字。

人民在长期的生产实践和奋斗历程中孕育了伟大创造精神、奋斗精神、团结精神、梦想精神，塑造了“讲仁爱、重民本、守诚信、崇正义、尚和合、求大同”等独一无二的文化特质，成为传承数千年而不变的精神追求和日用而不觉的价值观念；它绘就了中国特色社会主义道路的文化底色，这条道路是在马克思主义指导下走出来的，也是从五千多年中华文明史中走出来的，如果不从历史连续性来认识中国，就不可能理解古代中国，也不可能理解现代中国，更不可能理解未来中国；它夯实了在世界文化激荡中站稳脚跟的根基，面对风云变幻的国际国内形势，我们从中华优秀传统文化中汲取丰厚滋养，使得马克思主义真理之树根深叶茂，焕发出勃勃生机。

人无魂不立，业无魂不远。习近平总书记指出：“抛弃传统、丢掉根本，就等于割断了自己的精神命脉。”丢了“根”，断了“脉”，就会失了“魂”。没有中华文化繁荣兴盛，就没有中华民族伟大复兴。中华优秀传统文化作为我们的“根脉”，永远不能抛弃，永远不能背叛。坚守好马克思主义这个魂脉和中华优秀传统文化这个根脉是理论创新的基础和前提。两脉是有机统一、缺一不可的，两脉并行、相互促进，才能将理论创新不断推向新的高度。

坚持用马克思主义“激活”中华传统文化中的优秀因子。在如何对待中国传统文化这个事关国家富强、民族振兴、人民幸福的战略性问题上，习近平总书记反复强调：“对我国传统文化，对国外的东西，要坚持古为今用、洋为中用，去粗取精、去伪存真，经过科学的扬弃后使之为我所用。”这就是我们对待中国传统文化的科学态度。比如，“必须坚持系统观念”作为习近平新时代中国特色社会主义思想世界观和方法论的重要组成部分，既体现着“天人合一”“整体观念”等中华文明优秀因子，更是习近平总书记在坚持“万事万物是相互联系、相互依存的。只有用普遍联系的、全面系统的、发展变化的观点观察事物，才能把握事物发展规律”这一马克思主义科学理论的前提下，对中华优秀传统文化的正确表达。我们要在坚持马克思主义主导性的同时，坚持中华文化主体性。科学运用马克思主义世界观方法论对中华优秀传统文化进行创造性转化和创新性发展，既要用马克思主义基本原理由此及彼、由表及里，深入阐释传统文化经典的价值要义，挖掘提炼超越时空、富有永恒魅力的中华文化资源，让经典获得新生、开枝散叶，又要把马克思主义同人民群众日用而不觉的共同价值观念相融合，挖掘人民群众日常生活生产中蕴含的价值观念、道德理念，用马克思主义之“矢”去射中国实践之“的”，在融通贯通中让魂脉更加鲜活、让根脉更有生机。

坚持用中华优秀传统文化厚培马克思主义新形态。在党的历

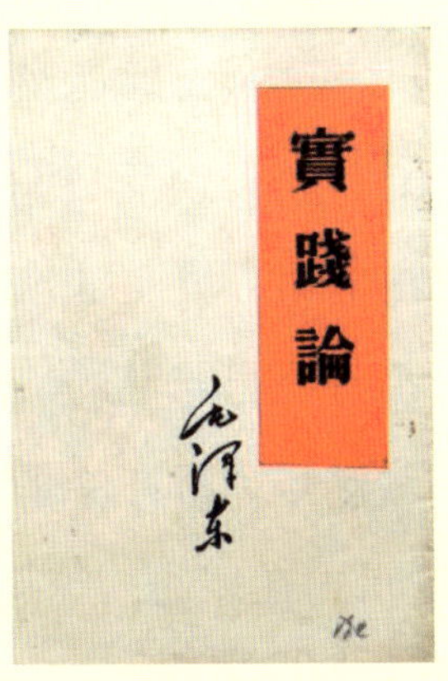

1937 年，毛泽东的《实践论》《矛盾论》在延安发表，作为中国马克思主义哲学的代表性著作，“两论”包含着丰富的哲学理论和方法论内涵。其中，最具有核心意义的内容，是知行统一理论和对立统一法则。

史上，毛泽东既高度重视马克思主义作为外来的先进思想的指导作用，又高度重视外来的先进思想——马克思主义——吸取中华优秀传统文化的精华，持续不断地实现马克思主义本土化、民族化和中国化。譬如，实事求是思想路线，既坚持了马克思主义唯物论的基本原理，又吸收了中华传统哲学思想的精华；矛盾观点和矛盾方法，既坚持了马克思主义唯物论辩证法，又吸收了中华传统哲学丰富的辩证法思想；实践论的思想，既坚持了马克思主义的唯物主义认识论，又吸取了中华优秀传统哲学知行统一观的思想成果。中华优秀传统文化蕴含的思想观念、人文精神、道德规范，是中国人思想和精神的内核。习近平新时代中国特色社会主义思想充分汲取了中华优秀传统文化的因子，比如，坚持以人民为中心，就汲取了“民惟邦本，本固邦宁”“以百姓心为心”的民本理念；进一步全面深化改革，就体现了“周虽旧邦，其命维新”“苟日新、日日新、又日新”的变革思想；人与自然和谐共生，就秉承了“道法自然”“天地与我并生，而万物与我为一”的天人之道；推动构建人类命运共同体，就吸收了“协和万邦”“天下一家”的和合智慧；坚持依法治国方略，就与法家“法是社会之公器”“奉法者强则国强，奉法者弱则国弱”的治理思想同气相求；坚持全面从严治党战略部署，就与“修齐治平”要求先有修心治身之德而后完成经世治国的逻辑内在相通；等等。

推进“两个结合”，必须将蕴含其中的治国理政的思想智慧、格物穷理的思想方法、修身处世的道德理念更深层次地注入马克思主义，用中华优秀传统文化的丰厚沃土和营养，充实、滋润马克思主义魂脉，使马克思主义呈现出更加鲜明的中国风格、中国气派和中国特色。在“两个结合”的“聚变”中，使新时代党的创新理论充盈浓郁的中国味、深厚的中华情、浩然的民族魂，为中华民族伟大复兴注入强大的精神力量、澎湃的思想动能。

2. 又一次的思想解放

思想解放的春雷，犹如时代的号角。“第二个结合”是又一次的思想解放，让我们能够在更广阔的文化空间中，充分运用中华优秀传统文化的宝贵资源，探索面向未来的理论和制度创新。

“第二个结合”是历史的必然。毛泽东曾说：“我们有两个出生父母，一个是旧中国，一个是十月革命。”如何坚持和发展马克思主义？毛泽东早就作出了第一个回答，就是把马克思主义基本原理同中国具体实际相结合。这是我们党一直强调并坚持的，是中国共产党百余年历史中最宝贵的经验，是党的事业不断取得胜利的法宝。习近平总书记把“第二个结合”与“第一个结合”相提并论，强调“这是我们在探索中国特色社会主义道路中得出的规律性的认识，是我们取得成功的最大法宝”。“第二个结合”的提出，是对历史的深刻总结，是对文化发展规律的深刻揭示，也是对未来理论发展的正确引领，代表了中国共产党人新的觉悟、新的认识高度，体现了中国共产党和中国人民强烈的文化自信与文化自觉，标志着习近平总书记关于文化建设的理论成果已经成熟。

“第二个结合”坚持以立为本、立破并举，是又一次思想解放。“立”与“破”，是中国传统文化中表述事物发展变化的一对辩证统一概念。“立”即创立、成立、树立；“破”即破除、解除、废除。在马克思主义看来，文化作为一种意识形态，不可避免地存在“立”与“破”的斗争。列宁指出，马克思的学说在其生命的过程中，每走一步都得经过战斗。在“立”与“破”的双向斗争中，将正确与错误科学地甄别出来。习近平文化思想旗帜鲜明地坚持马克思主义，对各种错误思潮敢于斗争、敢于亮剑，有“立”有“破”。“立”与“破”的辩证运用，打破已有的条条框框，冲破各种旧思想、旧观念的束缚，极大解放和发展了文化生产力、文化创造力，成为中国特色社会主义文化的鲜明特色和独特优势。

立理性辨识，破模糊认知。推动五千多年持续不断的中华文明薪火相传、发扬光大，是中国共产党始终直面的时代课题。一个时期以来，我们既有一味尊古的盲信，又有对中华文化的自卑，还有将中华民族的传统文化与现代文明相对立的错误认知。毛泽东指出，从孔夫子到孙中山，我们应当给以总结，承继这一份珍

足迹

2020年9月，习近平总书记来到湖南长沙岳麓书院，面对“实事求是”四个字的匾额说：“当年在石库门，在南湖上那么一条船，那么十几个人，到今天这一步。这里面的道路一定要搞清楚，一定要把真理本土化。”正是中国共产党人勇于推进思想解放，才在“真理本土化”进程中实现了指导思想的伟大飞跃，把理论成果一次次写到旗帜上。图为湖南长沙岳麓书院“实事求是”匾额。

贵的遗产。习近平总书记深刻指出，中华文明源远流长，从未中断，塑造了我们伟大的民族，这个民族还会伟大下去的。在几千年历史长河中，中国人民始终辛勤劳作、发明创造，出现了老子、孔子、庄子、孟子、墨子、孙子、韩非子等闻名于世的伟大思想巨匠，发明了造纸术、印刷术、火药、指南针等深刻影响人类文明进程的伟大科技成就。明朝以前，世界上的重要发明和重大科学成就大约300项，其中中国大约175项，占总数的58%以上。英国科学家李约瑟在其名著《中国科学技术史》中指出，“在公元3世纪到13世纪之间，中国曾保持令西方望尘莫及的科学技术水平，那时中国的发明和发现远远超过同时代的欧洲，这些发明和发现都推动了世界科技文明的进步，对世界人民的物质文化生活和社会发展做出了巨大的贡献。”对于中国文明对欧洲近代文明所作的贡献，一些西方学者和有识之士称道不已。17世纪末到18世纪末在欧洲出现过一百年的“中国文化热”。法国学者莫里斯·罗班说：“在启蒙时代的西方，中国简直是无所不在。”美国学者斯塔夫里阿诺斯说：“17世纪和18世纪初叶，中国对欧洲的影响比欧洲对中国的影响大得多。西方人得知中国的历史、艺术、哲学和政治后，完全入了迷。”马克思曾经把中国“四大发明”在欧洲的传播和应用，称为“资产阶级社会到来”的“预兆”。今天，中国人民的文化创造精神正在前所未有地迸发出来，续写着昔日的辉煌。习近平文化思想科学回答了文化建设从哪里来、向哪里去，传承什么、怎样传承、谁来传承等重大问题，纠正了对待中华传统文化的片面态度和偏激做法，廓清了虚无主义、复古主义、教条主义、功利主义等思想迷雾，前所未有地高扬了中华优秀传

中国四大发明

1 造纸术

2 印刷术

3 火药

4 指南针

统文化的价值，前所未有地增强了亿万人民的文化自信。

立主旋律，破负能量。不忘本来才能开辟未来，善于继承才能更好创新。优秀传统文化是一个国家、一个民族传承和发展的根本，如果丢掉了，就割断了精神命脉。当前，社会思想多元多样多变，利益博弈，观点碰撞，互联网等新技术新媒介日新月异，既有以文化人、以文铸魂、凝聚人心的“广阔天地”，也存在不同思想文化相互交融交锋的“狭小地带”。一些人价值观缺失，观念没有善恶，行为没有底线，不讲对错、不问是非、不知美丑，迫切需要文化潜移默化的熏陶、文明深厚持久的滋养。习近平总书记指出，“我们正在进行具有许多新的历史特点的伟大斗争，面临的挑战和困难前所未有，必须坚持巩固主流思想舆论，弘扬主旋律，传播正能量，激发全社会团结奋进的强大力量。”建设文化强国，我们比以往任何时候都需要在多元中立主导、在多样中谋共识、在多变中定方向，坚持以文化安心立命，礼敬文明、赓续文脉，在传承弦歌不辍的悠悠文脉中，推动中华优秀传统文化创造性转化、创新性发展，挺起中华民族的精神脊梁。

立中国声音，破“西方迷雾”。中国式现代化的成功推进与拓展，打破了“现代化＝西方化”的迷思。博大精深的中华优秀传统文化为我们正确认识中国式现代化提供了文化坐标。一个抛弃或者背叛自己历史文化的民族，不仅不可能发展起来，而且很可能上演一场历史悲剧。我们可以想象，如果“以洋为尊”“以洋为美”“唯洋是从”，言必称“希腊”，跟在别人后面亦步亦趋、东施效颦，就不可能有中国式现代化的伟大实践。习近平总书记指出，“自己的宝贝还得自己识宝，自己不要轻慢了”。书写好中国式现代化的当代叙事，就要深深植根于中华优秀传统文化，更加鲜明地展现中国故事及其背后的思想力量，塑造可信可爱可敬的文化中国。同时，坚持兼收并蓄、海纳百川，在不断汲取各种文明养分中丰富和发展中华文化，展现不同于西方现代化模式的新图景，创造全新的人类文明形态。

在壮阔前行的文化实践中，我们越来越感觉到，要进一步推动思想解放，就要增强自觉性、坚定性，与形形色色的错误思潮作斗争。坚决防止文化教条主义，反对理论与实践相分离、主观与客观相脱离。一般来讲，持这种态度的人把传统文化视为铁板一块的“高大全”，不加分析地照搬照抄、刻舟求剑，既不利于优秀传统文化的弘扬，又会给文化繁荣发展带来严重束缚。必须坚持具体问题具体分析，因地制宜、因时制宜，随着时代和实践的发展推进中国特色社会主义文化建设。坚决防止文化复古主义，反对借弘扬中华优秀传统文化之名，实行文化复古，厚古薄今、以古非今。一种典型的症状，就是把传统文化变为独尊儒术，以为儒学经典中句句是真理，是永远不变的天道、常道，落入“天不变，道亦不变”的理论陷阱。坚决防止文化虚无主义，反对从根本上否定中国历史及中华文明的价值，数典忘祖、妄自菲薄。一些人对中华优秀传统文化、革命文化、社会主义先进文化进行选择性虚无，比如，恶搞英雄人物、调侃先进典型、质疑历史事实，妄图导致价值无序、信仰危机、道德滑坡和思想迷茫。我们要以“两个结合”的文化定力，旗帜鲜明反对错误思潮，树立大历史观，在“人类知识的总和”中汲取优秀思想文化资源，推动中华文明的河床积厚成势、一路向前。

3. 创造新的文化生命体

习近平总书记指出："'结合'的结果是互相成就。'结合'不是'拼盘'，不是简单的'物理反应'，而是深刻的'化学反应'，造就了一个有机统一的新的文化生命体。"中华优秀传统文化充实了马克思主义的文化生命，显示出日益鲜明的中国风格与中国气派。"第二个结合"这一"化学反应"让马克思主义成为中国的，让中华优秀传统文化成为现代的，通过"结合"而形成了与时偕行、蔚为大观的新的文化生命体。

2023年6月2日，习近平总书记在文化传承发展座谈会上强调："'第二个结合'让马克思主义成为中国的，中华优秀传统文化成为现代的，让经由'结合'而形成的新文化成为中国式现代化的文化形态。"会议召开前，习近平总书记专门来到中国历史研究院。图为中国历史研究院。

从生物学的角度讲，生命体是有生长发育、新陈代谢、应激反应等生命特征的实体。文化生命体将文化视作有生命的活体，强调文化的自我调节、自我更新的能力。马克思主义中国化时代化“第二个结合”造就了一个有机统一的新的文化生命体，它集萃思想精华、内蕴文化力量、扎根时代沃土，以生生不息的活力、源源不断的动力，不断创造文化新高度，迸发出璀璨夺目的真理之光。

集萃思想精华。马克思主义和中华优秀传统文化来源不同，但彼此在世界观、价值观和方法论方面存在高度的契合。1926年，郭沫若在《马克思进文庙》一文中以文学化的想象和幽默的语言描述了马克思与孔子的对话场景。在经历过一番长谈后，马克思感叹：“我不想在两千年前，在远远的东方，已经有了你这样的一个老同志！你我的见解完全是一致的。”孔子也说：“单只要能够了解，信仰你的人就不会反对我了，信仰我的人就不会反对你了。”自从马克思主义把先进的思想理论带到中国，就以真理之光激活了中华文明的内在基因，推动了中华文明的生命更新和现代转型。从民本到民主，从九州共贯到中华民族共同体，从万

中国美术馆馆长、雕塑家吴为山的青铜组雕作品《神遇——孔子与苏格拉底的对话》落户希腊雅典古市集遗址

物并育到人与自然和谐共生，从富民厚生到共同富裕，中华文明迎来了“柳暗花明又一村”，实现了从传统到现代的跨越，发展出中华文明的现代形态。习近平新时代中国特色社会主义思想使马克思主义深深扎根于中国数千年文化之沃土，将历史与现实贯通起来，将文化与价值统一起来，把马克思主义中国化时代化拓展到更宽的领域、提升到更高的水平，展现出强大的真理穿透力、价值感召力、实践引领力。

内蕴文化力量。习近平总书记在2024年新年贺词中指出，良渚、二里头的文明曙光，殷墟甲骨的文字传承，三星堆的文化瑰宝，国家版本馆的文脉赓续……泱泱中华，历史何其悠久，文明何其博大，这是我们的自信之基、力量之源。马克思主义在中华大地传播、发展和创新的历史，就是不断“脱下它的外国服装”、穿戴上中华民族自己民族服装的历史。“两个结合”既坚守本心又与时俱进，使中华民族保持了坚定的民族自信和强大的修复能力，培育了共同的情感和价值、共同的理想和精神。习近平新时

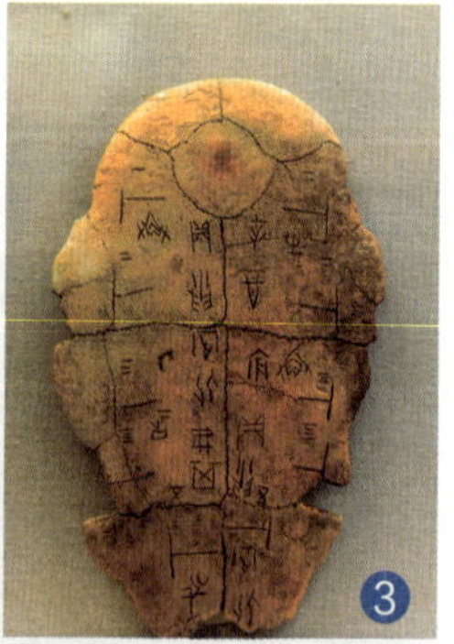

1 良渚遗址出土的玉琮

2 二里头遗址出土的镶嵌绿松石兽面纹铜牌饰

3 殷墟出土的龟甲

4 三星堆出土的商青铜兽面具

代中国特色社会主义思想从中华民族历史和中华优秀传统文化中汲取理论滋养，把马克思主义理论与中华优秀传统文化融为一体，凝结为中华文化和中国精神的时代精华，成为新的文化生命体的灵魂。

扎根时代沃土。从古代强盛、近代苦难到当代复兴，历史不断螺旋式上升。新的文化生命体形成于宏阔的时代背景，与中华民族从站起来、富起来到强起来的历史进程同向同行、同频共振。经过全党全国各族人民持续奋斗，我们实现了第一个百年奋斗目标，在中华大地上全面建成了小康社会，历史性地解决了绝对贫困问题，正在意气风发地向着全面建成社会主义现代化强国的第二个百年奋斗目标迈进。在实现中华民族伟大复兴的道路上，还有许多“雪山”“草地”需要跨越，还有许多“娄山关”“腊子口”需要征服。物质变精神，精神变物质，新的文化生命体扎根新的时代土壤，肩负新的历史使命，描绘新的文化图景，汇聚攻坚克难的力量源泉，疏源浚流、与古为新，开创人类文明发展新境界。习近平新时代中国特色社会主义思想就是在这样的时代大潮中应运而生，这一思想聆听时代的声音，回应时代的呼唤，始终与新时代同频共振，是真正引领时代变革、推动历史进步的伟大思想。

历史是文化的载体，文化是历史的血脉。马克思主义不远万里漂洋过海来到经济文化落后的东方大国，根植中华优秀传统文化沃土，不仅没有因水土不服而枯萎凋谢，反而在中华大地落地生根、开花结果，展现出旺盛的生命力。中国特色社会主义进入新时代，我们站立在960多万平方公里的广袤土地上，吸吮着中华民族漫长奋斗积累的文化养分，不断推进马克思主义中国化时代化，使两种意识形态、两种社会制度的较量发生了有利于社会主义的重大转变，中国特色社会主义正成为21世纪科学社会主义的旗帜，成为振兴世界社会主义的中流砥柱。这一铁的事实，终结了弗朗西斯·福山鼓吹的“历史终结论”。马克思主义没有辜负中国，中国也没有辜负马克思主义！

E起学习

1. 习近平：《在庆祝中国共产党成立100周年大会上的讲话》，《人民日报》2021年7月2日。
2. 习近平：《在纪念孔子诞辰2565周年国际学术研讨会暨国际儒学联合会第五届会员大会开幕会上的讲话》,《人民日报》2014年9月25日。
3. 习近平：《在纪念马克思诞辰200周年大会上的讲话》，《人民日报》2018年5月5日。
4. 习近平：《开辟马克思主义中国化时代化新境界》，《求是》2023年第20期。

四

担负新时代的文化使命

同志们！中国共产党从成立之日起，既是中国先进文化的积极引领者和践行者，又是中华优秀传统文化的忠实传承者和弘扬者。当代中国共产党人和中国人民应该而且一定能够担负起新的文化使命，在实践创造中进行文化创造，在历史进步中实现文化进步！

——2017 年 10 月 18 日，习近平总书记在中国共产党第十九次全国代表大会上的报告千百年来，中华文明如一条波澜壮阔的长河，一路奔涌。新征程上，如何赓续生生不息的历史文脉、传承绵延不绝的悠久文明？2023年6月，习近平总书记在中国国家版本馆中央总馆考察时动情地说：“我们的文化在这里啊！是非常文明的、进步的、先进的。将来传下去，还要传五千年，还不止五千年。”这显示出在五千多年文明传承基础上勇担新时代的文化使命的自信豪迈。

一代人有一代人的文化担当。担负起新时代的文化使命是习近平总书记从赓续中华文明的高度、从党和国家事业发展战略全局的角度作出的庄严宣告，彰显了当代中国共产党人深沉的历史责任感、坚定的使命感和厚重的人民情怀。这一新使命为中华民族伟大复兴标定文化坐标、高擎精神旗帜，彰显了中国共产党推进文化自信自强，铸就社会主义文化新辉煌的历史担当。

1. 必须坚持中国特色社会主义文化发展道路

全面建设社会主义现代化国家，必须坚持中国特色社会主义文化发展道路。这条道路深刻阐述了文化和文化建设的地位与作用，深刻阐明了在新时代以什么样的立场和态度对待文化、用什么样的思路和举措发展文化、朝着什么样的方向和目标推进文化建设等重大问题，为担负新时代的文化使命提供了根本遵循。

中国特色社会主义是全面发展、全面进步的伟大事业，没有社会主义文化的繁荣发展，就没有社会主义现代化。走中国特色社会主义文化发展道路是坚持和发展中国特色社会主义的必然要求，中国特色社会主义文化如熊熊燃烧的火炬，点燃了亿万人民的精气神；是推进强国建设、民族复兴伟业的重要内容，只有文化繁荣兴盛，我们的国家才能屹立于世界民族之林；是实现人民对美好生活的向往的迫切需要，正是有了这一强大精神力量的支撑和推动，人民精神文化生活更丰富，基本文化权益保障更充分，文化获得感、幸福感更充实；是提升国家软实力的坚实支撑，能更好展现中华文化独特魅力，使中华文化影响更加广泛深入。

走好这条路，必须以习近平文化思想为行动指南，把牢“方向盘”。中国特色社会主义文化发展道路，寄托了无数仁人志士的不懈追求，是推动社会主义文化繁荣兴盛的唯一正确道路。发展中国特色社会主义文化，必须学深悟透习近平文化思想，坚持马克思主义在意识形态领域的指导地位，坚持为人民服务、为社会主义服务，坚持百花齐放、百家争鸣，坚持中华优秀传统文化创造性转化、创新性发展，围绕举旗帜、聚民心、育新人、兴文化、展形象，发展面向现代化、面向世界、面向未来的，民族的科学的大众的社会主义文化，持续满足人民日益增长的精神文化需求，巩固全党全国各族人民团结奋斗的共同思想基础，不断提升国家文化软实力和中华文化影响力。

人类社会每一次跃进，人类文明每一次升华，无不伴随着文化的历史性进步。习近平文化思想立足中国特色社会主义建设的伟大实践，科学回答了新时代文化建设的一系列根本性、方向性、战略性问题，深化了对中国特色社会主义文化建设规律的认识，

2014年9月24日，习近平总书记在人民大会堂出席纪念孔子诞辰2565周年国际学术研讨会暨国际儒学联合会第五届会员大会开幕式时强调，“每一个国家和民族的文明都扎根于本国本民族的土壤之中，都有自己的本色、长处、优点。”图为位于孔子故乡山东曲阜尼山上的孔子雕像，这也是世界上最高、最大的孔子雕像。

是新时代党和国家事业开创新局面的坚强思想保证和科学行动指南。特别是将文化建设置于“五位一体”总体布局和“四个全面”战略布局高度统筹部署，注重通过思想文化宣传教育凝聚人心，旗帜鲜明坚持正确的政治方向、舆论导向、价值取向，通过文化自信激发起全国各族人民的道路自信、理论自信、制度自信，确保中国特色社会主义伟大事业始终沿着正确道路前进。国际社会高度评价习近平文化思想，多国学者谈到，任何国家的经济社会发展都不是在真空中进行的，习近平文化思想不仅构成了独具特色的治国方案，也凝聚着中国作为当代大国的气派与风度，将为新时代的中国增添全新的文化姿态与文化风采。

走好这条路，必须以改革创新为强大动力，释放“活力源”。创新是文化的本质特征，文化是最需要创新的领域。“不日新者必日退”。在人类发展的每一个重大历史关头，文化都能成为时代变迁、社会变革的先导。自古以来，中华文明在创新中不断发展，在应时处变中不断升华。回望历史长河，从先秦子学、两汉经学、魏晋玄学、隋唐佛学到宋明理学等，中国哲学不断拓宽、创见持续迸发；从耒耜、石犁、青铜犁、铁犁到直辕犁、曲辕犁，见证

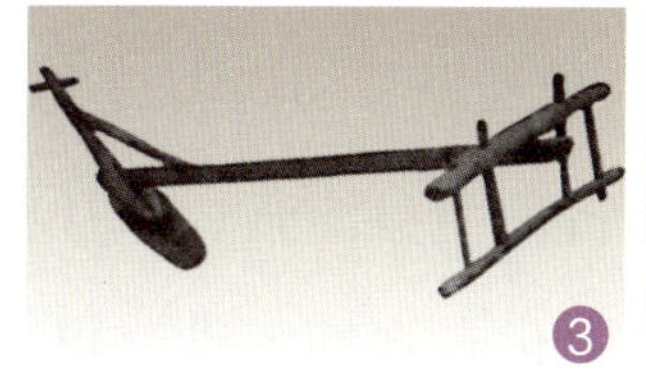

中国古代农业生产工具的发展

① 汉代青铜犁

② 南北朝铁铧

③ 直辕犁

④ 曲辕犁

着农业文明的创新与技术的进步；从军功制、察举制、九品中正制到科举制等，让更多人才脱颖而出。可以看到，中华文明在思想、技术、制度等方面不断推陈出新是中国历史的常态，正因如此，中华文明才能生生不息，永葆生机活力。

一部中华文明发展史，就是一部创新史。惟改革者进，惟创新者强，惟改革创新者胜。要保持对文化理想、文化价值的高度信心，保持对文化生命力、创造力的高度信心，牢记文化使命，坚持守正创新，重点抓好理念创新、手段创新、基层工作创新，进一步全面深化改革，使中华民族最基本的文化基因与当代文化相适应、与现代社会相协调，努力在实践创造中进行文化创造，在历史进步中实现文化进步，让一切文化创造源泉充分涌流，使中国特色社会主义文化始终反映时代精神、引领时代潮流。

走好这条路，必须以文化自强为自觉追求，锚定“任务书”。党的二十大报告明确了推进文化自信自强、铸就社会主义文化新辉煌的重大任务。文化自觉、文化自信，最终目的还是要实现文化自强。“自”，就是立足自己的实际，依靠自己的力量，突出自己的特色，走自己的文化发展道路；“强”，就是要使我们的文化具有强大的吸引力影响力、强大的活力创造力、强大的实力竞争力，把我国建设成中国特色社会主义的文化强国。在国际社会上，像中国这样一个历史悠久的文明古国、发展中大国，要掌握自己的前途命运，就必须有自己的文化定力，有自己的文化力量。进入新时代，我们更应当深入思考如何实现文化自强的问题。今天，全党全国各族人民文化自信明显增强，全社会凝聚力和向心力极大提升，我们更有实现文化自强的条件，更有能力把我国建成富强民主文明和谐美丽的社会主义现代化强国。

如何实现文化自强？近年来，我国文化领域不断探索创新，一些艺术家将传统音乐与现代舞蹈相结合，创造了具有时代韵味、中国特色、世界影响的艺术精品；一些中国的电影、电视剧、动漫等也吸取中华文化元素，深受国内外青睐，书写了文化自强的新篇章。更好担负起新时代的文化使命，就要加快建设与我国深厚文化底蕴和丰富文化资源相匹配、与新时代中国特色社会主义事业总体布局和战略布局相适应、与建设社会主义现代化强国相承接的社会主义文化强国。要始终锚定2035年建成文化强国的战略目标，坚持马克思主义这一根本指导思想，植根博大精深的中华文明，发展社会主义先进文化，弘扬革命文化，传承中华优秀传统文化，顺应信息技术发展潮流，不断发展具有强大思想引领力、精神凝聚力、价值感召力、国际影响力的新时代中国特色社会主义文化，不断增强人民精神力量，筑牢强国建设、民族复兴的文化根基。

2. 彰显中华文明的突出特性

在人类文明绚丽多彩的百花园中，中华文明历尽沧桑而薪火相传，是革故鼎新、辉光日新的文明。习近平总书记2023年在文化传承发展座谈会上，以贯通古今的文化自觉和强烈的历史担当，鲜明提出了中华文明具有突出的连续性、突出的创新性、突出的统一性、突出的包容性、突出的和平性，科学揭示了中华文明的深厚底蕴和独特优势。深刻理解中华文明的“五个突出特性”，才能清醒认识中国特色社会主义的道路选择，在激活内生动力中更好担负起新时代的文化使命。

中华文明的“五个突出特性”，是习近平总书记为中华文明所作的“精准画像”，是中华民族延续至今的活力之源，也是我们走中国特色社会主义文化发展道路的动力之源。“五个突出特性”是一个有机统一的整体，共同推动中国特色社会主义文化发展道路博采众长、蔚为壮观。连续性是历史根基，体现在对中华优秀传统文化的传承与发扬上，使我们在砥砺前行中始终能够不断汲

2022 年 10 月 28 日，习近平总书记在考察殷墟遗址时指出：“中华文明源远流长，从未中断，塑造了我们伟大的民族，这个民族还会伟大下去的。”殷墟是我国历史上第一个文献可考、为考古发掘所证实的商代晚期都城遗址。殷墟出土的甲骨文为我们保存了 3000 年前的文字，把中国信史向上推进了约 1000 年。图为河南省安阳殷墟甲骨窖穴。

取历史经验和智慧，更好地保持文化自信和认同感。创新性是不竭动力，体现在对中华优秀传统文化的发扬光大和与时俱进上，使我们在砥砺前行中始终有着无穷无尽的精神动能。统一性是有力支撑，体现在国家制度、民族文化、社会秩序等多方面，保障了社会稳定和发展，使我们在砥砺前行中始终葆有坚实的凝聚力和团结力。包容性是重要条件，体现在对不同民族、不同文化的融合会通上，使我们在砥砺前行中始终保持兼收并蓄的开放心态，推动多元文化共存、和谐发展。和平性是重要保障，体现在对内稳定和对外和平共处上，使我们在砥砺前行中始终保持国家的独立和主权，更加坚定维护世界和平与发展。

2023 年 6 月，习近平总书记在中国国家版本馆文化堂二层，参观了中华古代文明版本展——“斯文在兹”。从陶瓷兽骨到金属竹木，从实物纸张到虚拟数字，载有中华文明印记、文化符号、文脉信息的各种资源，都可称为“版本”。甲骨到简牍，写本到雕版，文字载体到古籍版本的流变，彰显了中华传统文化的有序传承，它们见证并记录、传承并延续着源远流长的中华文明。

保持中华文明的连续性。2017年11月，在特朗普参观故宫时，两国元首谈起文化传承问题，习近平总书记指出，中国的历史可以追溯到五千年前，或者更早，中国的文化是没有断流传承下来的。在五千多年漫长文明发展史中，中国人民创造了璀璨夺目的中华文明，是世界上唯一自古延续至今、从未中断的文明，具有强大的稳定性、独立性。反观其他几大古老文明，古印度、古巴比伦、古埃及，其语言、文字甚至是人种与现在相比，已面目全非。中华文明延绵不断传承了几千年，彰显了中华文明优良的文化基因和强大的生命力。习近平总书记指出，中华文明的连续性，从根本上决定了中华民族必然走自己的路。如果不从源远流长的历史连续性来认识中国，就不可能理解古代中国，也不可能理解现代中国，更不可能理解未来中国。担负起新时代的文化使命，就要坚持走具有中华民族深厚历史文化底蕴的道路，坚定不移走中国式现代化道路，走中国特色社会主义文化发展道路，不断开辟文化传承发展的广阔前景。

焕发中华文明的创新性。中华民族是一个不断开拓创新的民族，创新创造是中华文明的生命所在。从历史文献记载来看，中华民族向来崇尚创新创造，主张革故鼎新。《周易》中的“富有之谓大业，日新之谓盛德，生生之谓易”、《礼记·大学》中的“苟日新，日日新，又日新”等语，都饱含着创新精神。公元6世纪中叶成书的《魏书》首现“创新”一词，书中记载“革弊创新者，先皇之志也”。几千年来，创新精神活跃于中华民族各个历史时期，体现在中华文明各个方面。每一种文明都延续着一个国家和民族的精神血脉，既需要薪火相传、代代守护，更需要与时俱进、勇于创新。习近平总书记指出，中华文明的创新性，从根本上决

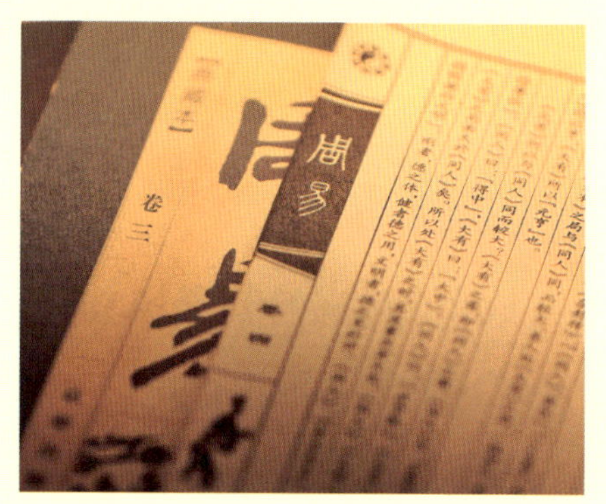

《周易》包括《易经》和《易传》，是中国传统思想文化中自然哲学与人文实践的理论根源，被誉为“大道之源”。

《魏书》是二十四史之一，是北朝北齐人魏收所著的纪传体断代史书，记载了公元4世纪末至6世纪中叶北魏的历史。

定了中华民族守正不守旧、尊古不复古的进取精神，决定了中华民族不惧新挑战、勇于接受新事物的无畏品格。新征程上，我们要立足新时代伟大实践，传承中华民族革故鼎新、独树一帜的创新精神，始终坚守马克思主义的魂脉和中华优秀传统文化的根脉，遵循“两个结合”基本规律推动理论创新和实践创新，构建中国话语和中国叙事体系，形成具有鲜明民族精神标识和时代价值理念的文化样态。

永葆中华文明的统一性。一部中国史，就是一部各民族交融汇聚成多元一体中华民族的历史，就是各民族共同缔造、发展、巩固统一的伟大祖国的历史。我国有56个民族，各民族在漫长的历史进程中形成了各自的文化传统，此为“多元”。这些民族从来不是以相互隔绝、相互排斥状态出现的，各民族“大杂居、小聚居、交错居住”，相互嵌入，具有不可分割的内在联系，形成了中华民族共同体，此即“一体”。在中华民族共同体中，各民族之间你中有我、我中有你，形成了强烈的共同体意识、共同价值追求和文化认同。纵观世界历史，欧洲国家主要分属于日耳曼人、斯拉夫人、凯尔特人、拉丁人等四个民族，民族冲突和交锋不断，使这四个民族持续裂变，最终演化成今天欧洲的45个国家（地区）。习近平总书记指出，中华文明的统一性，从根本上决定了中华民族各民族文化融为一体、即使遭遇重大挫折也牢固凝聚，决定了国土不可分、国家不可乱、民族不可散、文明不可断的共同信念，决定了国家统一永远是中国核心利益的核心，决定了一个坚强统一的国家是各族人民的命运所系。新征程上，我们要夯实中华文化传承发展的团结基石，增强中华文化认同，继承和弘扬慎终追远、

2019年10月1日上午，庆祝中华人民共和国成立70周年大会在北京天安门广场隆重举行。在群众游行队伍中，56个民族代表组成“民族团结”方阵，簇拥着“石榴瓶”彩车，意气风发、兴高采烈地走在长安街上。

敬宗睦族的优良传统，建设各民族共有精神家园，铸牢中华民族共同体意识，为加快中国式现代化建设画出最大“同心圆”。

展现中华文明的包容性。中华文明始终以开放、包容的姿态同世界其他文明开展交流互鉴，善于吸收世界文明的先进要素，形成了丰富多彩、开放包容的中华文明及其价值取向。中华文化自古就有兼收并蓄的开放胸怀。2100多年前，汉代使者张骞自长安出发，出使西域，开始打通东方通往西方的道路，此后一条横贯东西、联结欧亚的古丝绸之路逐渐开辟出来。敦煌文化是中华文明几千年不断融会贯通的典范。从公元4世纪到14世纪的一千年间，历经十六国、北朝、隋、唐、五代、西夏、元等朝代兴建，莫高窟、西千佛洞石窟、东千佛洞石窟、榆林窟等石窟群开凿，统称“敦煌石窟”。习近平总书记高度评价敦煌文化，“集建筑艺术、彩塑艺术、壁画艺术、佛教文化于一身，历史底蕴雄浑厚重，文化内涵博大精深，艺术形象美轮美奂”。敦煌文化灿烂的奥秘，就在于其彰显了不同文化的汇聚和交融。400多年前，徐光启与来到中国的西方学者利玛窦共同翻译《几何原本》，成为中外交流的一段佳话。今天，开放是当代中国的鲜明标识，中国开放的大门只会越来越大。习近平总书记

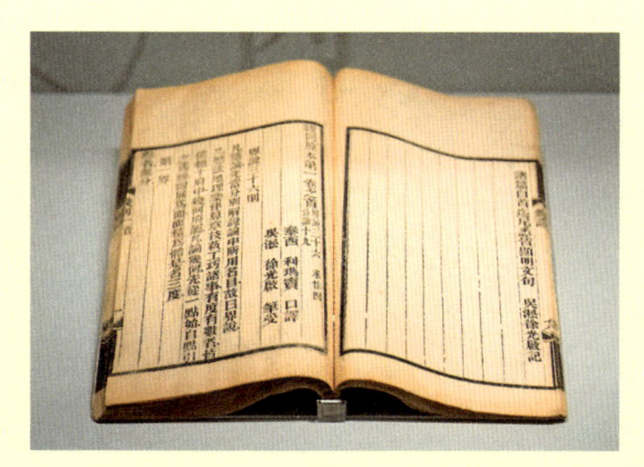

《几何原本》最早由徐光启与利玛窦共同翻译，是我国科学史上第一部系统的科学译著，极大地影响了中国原有的数学学习和研究的习惯，改变了中国数学发展的方向。

指出，中华文明的包容性，从根本上决定了中华民族交往交流交融的历史取向，决定了中国各宗教信仰多元并存的和谐格局，决定了中华文化对世界文明兼收并蓄的开放胸怀。新征程上，我们要保持交流互鉴的恢宏格局和开放胸怀，坚持借鉴和吸纳世界优秀文明成果，以我为主、洋为中用、辩证取舍，不断丰富和发展中华文化，始终保持中华文化蓬勃生机和强盛活力。

秉承中华文明的和平性。和平、和睦、和谐是中华民族一直以来追求和传承的理念，中华民族的血液中没有侵略他人、称王称霸的基因，中国人民不仅希望自己发展得好，也希望各国人民都能拥有幸福安宁的生活。600 多年前，明朝官员郑和率领船队七下西洋，用“宝船和友谊”留下中外和平友好的佳话。历史上，中国长期是世界上最强大的国家之一，却从未殖民和

南京郑和宝船厂遗址公园位于南京市鼓楼区漓江路 57 号。早在南宋时期，这一带就曾设有“龙湾都船厂”，建造当时最先进的船只。明代，这里在龙湾都船厂的基础上延续发展出了龙江船厂和宝船厂，据说是当时世界上规模最大的皇家造船厂。

侵略他国。古往今来，中华民族之所以在世界上有地位、有影响，不是靠穷兵黩武，不是靠对外扩张，而是靠中华文化的强大感召力和吸引力。习近平总书记指出，中华文明的和平性，从根本上决定了中国始终是世界和平的建设者、全球发展的贡献者、国际秩序的维护者，决定了中国不断追求文明交流互鉴而不搞文化霸权，决定了中国不会把自己的价值观念与政治体制强加于人，决定了中国坚持合作、不搞对抗，决不搞“党同伐异”的小圈子。新征程上，我们要传承弘扬各美其美、美美与共的文化传统，秉承天下情怀，跨越单边主义、霸权主义，既通过维护世界和平发展自己，又通过自身发展维护世界和平，不断为人类文明进步贡献智慧和力量，创造人类文明新形态，为世界文明百花园增光添彩。

3. 大力营造崇文力行的社会风尚

文化发展关键在人。担负起新时代的文化使命是一项复杂系统的工程，需要全党的共同努力、全社会的广泛参与。践行习近平文化思想，需要大家一起行动起来，做到有文化、讲文化、懂文化、兴文化。

有文化，提高人文素养。文化是人类智慧的结晶、社会进步的阶梯。“中华民族自古提倡阅读，讲究格物致知、诚意正心，传承中华民族生生不息的精神，塑造中国人民自信自强的品格。”2022 年，习近平总书记向首届全民阅读大会致的贺信，引发热烈反响，全社会掀起读书热潮。古人讲，“腹有诗书气自华”。

一个人平时读不读书，有没有文化修养，从形象上是能看出来的。连一个打仗的将领，如果经常读书，人们都称他为“儒将”。在这方面，习近平总书记身体力行为我们做了表率。他曾在接受采访时谈道：“我爱好挺多，最大的爱好是读书。”2017 年夏天，中央党校召开的《习近平的七年知青岁月》出版座谈会上，一位作家曾提到一个细节：“在土窑洞里的煤油灯下，每天他（习近平）都要读书到深夜。据我所知，上大学前，他就三遍通读《资本论》，写了厚厚的 18 本读书笔记！”习近平总书记在行文、讲话中，大量引用中国古代典籍或诗词，引述的来源非常广泛，不仅有《论语》《孟子》《左传》《老子》等人们耳熟能详的经典，还有一些较生僻的典籍、著作，既凸显了总书记深厚的传统文化底蕴和人文修养，更彰显出中国共产党人的文化自信。

2022 年首届全民阅读大会，习近平总书记致贺信，强调“希望广大党员、干部带头读书学习，修身养志，增长才干；希望孩子们养成阅读习惯，快乐阅读，健康成长；希望全社会都参与到阅读中来，形成爱读书、读好书、善读书的浓厚氛围”。

足迹

1982年3月至1985年5月，习近平同志先后任河北省正定县委副书记、书记。三年多时间里，习近平同志走遍了全县。刚刚从政的他，以改革的思路和创新的精神，探索走出一条保护与发展双赢的新路子，交出了正定古城这份答卷。在正定主政期间，他身体力行推动文物抢救和保护工作：组织文物普查，修复古寺古碑，健全保护制度，将古建、古树、古文物划定保护范围，建立明确保护标识……正是这些高瞻远瞩的决策，让古城保护与发展并举的思想，数十年来根植于每一个正定人心里。图为河北省石家庄市正定县正定古城。

担负新时代的文化使命，学习是“不二法门”。无论是党员干部还是普通群众，都要具有良好的文化素质和人文情怀，让一切有益的知识和文化沉淀在我们的血液里，融汇在我们的行动中。要系统学习习近平新时代中国特色社会主义思想特别是习近平文化思想，深入学习中华优秀传统文化，大兴学习之风，多读善读历史、文化、艺术、哲学等各类经典，深悟其中的修身之道、廉政之道、法治之道、义利之道，以优秀传统文化开阔视野、颐养性情、浸润心灵、提升品位，努力做志趣高洁的有知识、有学养、有品位、有境界的文化人。

讲文化，强化文化自觉。提倡“讲文化”，就是要求把文化建设摆在全局工作的重要位置，不断深化对文化作用的认识，千方百计把文化工作抓紧抓好。实际工作中，部分领导干部在抓发展时，可能存在重经济、轻文化的情况。比如，认为文化建设投入多、产出慢、周期长，这种“过多”的投入，往往不如上项目、工程出成绩、树形象。比如，存在旧的发展理念，认为“文化搭台、经济唱戏”，文化是经济的附属。比如，将文化 GDP 化、指标化，没有把社会效益摆在第一位，不能深刻理解文化的特殊属性。文化的地位重要，不可替代，这就要求我们把文化建设摆在突出位置，任何时候都要重视文化的地位与作用。

看今日之中国，统筹推进“五位一体”总体布局、协调推进“四个全面”战略布局，文化是重要内容；推动高质量发展，文化是重要支点；满足人民日益增长的美好生活需要，文化是重要因素；战胜前进道路上各种风险挑战，文化是重要力量源泉。担负新时代的文化使命，我们必须摒弃视文化为手段、形式、陪衬的想法，而要把文化发展作为硬任务、硬指标来推进，把文化融入经济社会各领域，融入人民群众日常生产生活中，真正让文化“软实力”硬起来，让全社会充盈文化气息、绽放文化芬芳。

懂文化，掌握文化规律。规律是反复起作用的东西。文化发展有其自身的规律性。要想把文化工作做好，就必须“懂文化”，尤其是注重在问题研究中总结文化发展、文化建设的规律，努力成为文化建设的行家里手。比如，发展文化事业与文化产业，如同一枚硬币的

2024 年 5 月，第二十届中国（深圳）国际文化产业博览交易会开幕。

两个方面，二者相得益彰、互为补充。要做好这项工作，就需要我们掌握规律，看到文化事业发挥着凝心聚魂的社会功能，文化产业则需要通过提供更多、更好的文化产品和服务，满足人民对美好生活的丰富需求。只有熟悉文化建设规律，工作起来才能得心应手。

习近平文化思想是新时代党领导文化建设实践经验的理论总结，提出的一系列新思想新观点新论断，标志着我们党对中国特色社会主义文化建设规律的认识达到了新高度，是推动文化繁荣发展的根本遵循。更好担负起新时代的文化使命，需要在习近平文化思想的指导下，深刻把握党的领导和人民立场、文化主体性和文化多样性、文化传承和创新发展、战略谋划和实践推进等重要关系，以高度的文化自觉和文化自信不断悟规律、明方向、学方法、增智慧，开创新时代文化建设新局面。

兴文化，建设文化强国。文化总是在吐故纳新中不断前进的，也是在创新创造中实现发展的。文化是抽象的概念，兴文化则是具体的行动。伴随着中国经济社会的发展，我们也必将迎来中华文化的繁荣兴盛。兴文化对于当下而言，既是要承续优秀文化的血脉与传统，又要破解当前文化发展面临的难题与困惑。不断抬升社会的文化水位、不断凝聚国民的文化力量，这样的国家和民族才能汲取不竭的前行动力。

人民群众不仅是历史的“剧中人”，而且是文化实践的“剧作者”。创造属于我们这个时代的新文化，从根本上说是广大人民群众的生动实践。群众的实践创造，代表了文化发展的方向。新时代新征程，我们必须把尊重文化发展规律与尊重人民主体地位统一起来，把群众的智慧力量作为源头活水，依靠群众的主动精神推进文化创新创造，不断兴起文化建设的新高潮，为中国式现代化源源不断注入“文化养料”。

人才济济、人物辈出，文化才能繁荣兴盛。今天，全面推进文化体制机制改革要“目中有人”，尊重人才成长规律，把育人才、强队伍作为十分紧迫的战略任务，完善符合文化领域特点的人才选拔、培养、使用、激励机制，改革人才评价激励机制，营造识才、重才、爱才的良好政策环境，建设一支规模宏大、结构合理、锐意创新的高水平文化人才队伍，真正把人才凝聚到党的宣传思想文化事业中来。

E起学习

1. 习近平：《在文化传承发展座谈会上的讲话》，《求是》2023年第17期。
2. 习近平：《携手同行现代化之路》，《人民日报》2023年3月16日。
3. 习近平：《建设中国特色中国风格中国气派的考古学　更好认识源远流长博大精深的中华文明》，《求是》2020年第23期。

五

坚定文化自信

“求木之长者，必固其根本；欲流之远者，必浚其泉源。”中华优秀传统文化是中华民族的精神命脉，是涵养社会主义核心价值观的重要源泉，也是我们在世界文化激荡中站稳脚跟的坚实根基。增强文化自觉和文化自信，是坚定道路自信、理论自信、制度自信的题中应有之义。

——2014 年 10 月 15 日，习近平总书记在文艺工作座谈会上的讲话每年元旦，习近平总书记发表新年贺词时，背后书架上的中国古典著作尤为醒目，《诗经》《宋词选》《群书治要》《唐宋八大家散文鉴赏大全集》……这就像一个生动的隐喻：当一位大国领袖带领中国翻开新的历史之页时，“背靠”的是数千载文明史，流淌出的是坚定的文化自信。

2016 年 6 月 28 日，习近平总书记在十八届中共中央政治局第三十三次集体学习时强调，“坚定中国特色社会主义道路自信、理论自信、制度自信、文化自信”，将文化自信与道路自信、理论自信、制度自信并提。在庆祝中国共产党成立九十五周年大会上，习近平总书记再次指出，“全党要坚定道路自信、理论自信、制度自信、文化自信”，并强调“文化自信，是更基础、更广泛、更深厚的自信”，在我们党的历史上形成了“四个自信”这一原创性、前瞻性、战略性的表述。

1. 自信才能自强

自信是自强之基。自信，源于自我评价中的一种积极态度、一种肯定性认知。小到每个人、一方水土，大到一个国家、一个民族，都不能没有自信。中华民族素有文化自信的气度，正是有了对民族文化的自信心和自豪感，才在漫长的历史长河中保持自己、吸纳外来，形成了独具特色、辉煌灿烂的中华文明。习近平总书记指出，文化自信是更基础、更广泛、更深厚的自信，是一个国家、一个民族发展中最基本、最深沉、最持久的力量。坚定文化自信，是事关国运兴衰、事关文化安全、事关民族精神独立性的大问题。有文化自信的民族，才能立得住、站得稳、行得远。

文化自信是力量。早在 2005 年 8 月，时任浙江省委书记的习近平在《浙江日报》“之江新语”专栏中写道：“文化的力量，或者我们称之为构成综合竞争力的文化软实力，总是‘润物细无声’地融入经济力量、政治力量、社会力量之中，成为经济发展的‘助

《之江新语》一书，收录了习近平同志在担任浙江省委书记期间为《浙江日报》“之江新语”栏目撰写的 232 篇短论。这些短论及时回答了现实生活中人民群众最关心的一些问题，是坚持“从群众中来，到群众中去”这一科学的领导方法和工作方法的生动体现，是运用马克思主义的立场、观点和方法观察问题、分析问题、解决问题的光辉篇章。

推器’、政治文明的‘导航灯’、社会和谐的‘黏合剂’。”用“助推器”“导航灯”“黏合剂”来打比方，阐述文化力量与经济力量、政治力量、社会力量交融互动、融合发展的关系，形象地解析其在经济发展、政治文明、社会和谐等方面所起到的重要作用。

文化自信力重千钧。深入骨髓的文化自信具有极强的渗透力，它既熏陶着生活于其中的每个人，影响着人们的思维方式、行为方式、生活方式，更关系着国家和民族发展的昨天、今天和明天。没有一个人的生活能脱离特定文化的熏染和陶冶，也没有一个国家和民族的发展不受到自身文化传承的浸润和滋养。深入骨髓的文化自信具有极强的感染力，它既潜移默化又深沉厚重，塑造着整个民族的精神气质，涵育着人们的精神世界。今天，中华优秀传统文化的风骨神韵、革命文化的刚健激越、社会主义先进文化的繁荣兴盛，共同铸就了新时代我们坚定的文化自信。深入骨髓的文化自信具有极强的生命力，它一旦树立起来，就融入社会成员的血液和灵魂，渗透在国家政治生活、经济生活、社会生活之中，生生不息、代代传承。身为中国人，我们写中国字、说中国话，葆有家国情怀、秉持修齐治平，历经千年风雨洗礼、亘古不断。文化自信滋养着民族意志力、激发着民族创造力、熔铸着民族凝聚力，迸发出激荡人心的强大力量。

文化自信才能文化自强。近代以来，西方列强的入侵，一次次战争的失败，打垮了中国的文化自信。西方的商品大肆冲击我国国内市场，各类产品一度被冠以“洋某”的称呼。例如，煤油、火柴、铁钉被称为洋油、洋火、洋钉。商品贸易带来的“洋”名字影响深远，甚至产生了“外国的月亮比中国圆”这一荒谬思潮。中国共产党人肩负着振兴中华文化的重任，完成这一重任的一个

足迹

2023年12月3日，习近平总书记向首届“良渚论坛”致贺信，指出，“良渚遗址是中华五千年文明史的实证，是世界文明的瑰宝。在悠远的历史长河中，中华文明以独树一帜的创新创造、一脉相承的坚持坚守，树立起一座座文明高峰。中华文明开放包容、兼收并蓄，不断丰富发展、历久弥新，不断吸取世界不同文明的精华，极大丰富了世界文明百花园”。图为良渚论坛会场。

基本前提就是必须建构起国人的文化自信。无论是新中国成立初期逐渐建立起独立的比较完整的工业体系，造出“两弹一星”，还是不简单模仿西方国家，而是“走自己的现代化道路”，背后流淌出的都是坚定的文化自信。文化是前进的号角、催征的战鼓。短短百余年间，中国之所以能够创造出令人瞩目的发展奇迹，很重要的就在于我们始终以文化自觉、文化自信引领民族进步，以价值先进、思想解放激发社会活力，构筑起文化中国的巍巍大厦。特别是新时代以来，我们以坚定的文化自信为基础，中国精神、中国价值、中国力量展现恢宏气象，中国人民的志气、骨气、底气得到极大增强，焕发出更为主动的精神力量，为新时代坚持和发展中国特色社会主义提供了坚强思想保证。

一种文化经过风雨的洗礼，在实践中迸发出强大的精神力量，能让人们的文化自信愈加坚定。新时代呼唤坚定的文化自信，新时代更铸就坚定的文化自信。回顾新时代以来波澜壮阔的发展历程，我们能更加清晰地感受到，我们既把文化自信所蕴含的最基本、最深沉、最持久的力量充分激发了出来，又在战胜惊涛骇浪中让文化自信更加坚定，迸发出排山倒海之势。面对接踵而至的风险挑战、复杂性严峻性前所未有的发展形势，在以习近平同志为核心的党中央坚强领导下，我们没有在困难面前低头，没有在挑战面前退缩，坚定信心、迎难而上，凭着那么一股子气、那么一股子劲，经受住了来自政治、经济、意识形态、自然界等方面的风险挑战考验，党和国家事业取得历史性成就、发生历史性变革。

2021 年 2 月 25 日上午，全国脱贫攻坚总结表彰大会在北京人民大会堂隆重举行。

在新冠肺炎疫情防控斗争中，14 亿多中国人民显示出高度的责任意识、自律观念、奉献精神、友爱情怀，铸就了生命至上、举国同心、舍生忘死、尊重科学、命运与共的伟大抗疫精神；在脱贫攻坚伟大斗争中，我们锻造形成了上下同心、尽锐出战、精准务实、开拓创新、攻坚克难、不负人民的脱贫攻坚精神；在矢志科技创新、建设航天强国征途上，我们一步一个脚印、敢于攻坚克难，大力弘扬追逐梦想、勇于探索、协同攻坚、合作共赢的探月精神，矗立起一座精神丰碑……累累精神硕果，为坚定文化自信作出了最生动的注解。

回顾“雄关漫道真如铁”的昨天，唯有坚定文化自信，才能走出蒙昧、迎接新生，实现文化的凤凰涅槃、浴火重生；立足“而今迈步从头越”的今天，唯有坚定文化自信，才能正本清源、守正创新，铺展中国特色社会主义文化的恢宏画卷；放眼“长风破浪会有时”的明天，唯有坚定文化自信，才能薪火相传、接续荣光，书写气壮山河的文化史诗，创造属于我们这个时代的新文化。

2. 自信的底气从何而来

习近平总书记指出，当今世界，要说哪个政党、哪个国家、哪个民族能够自信的话，那中国共产党、中华人民共和国、中华民族是最有理由自信的。70 后、80 后、90 后、00 后，在他们走出去看世界之前，中国已经可以平视这个世界了。我们现在处于距离中华民族文化复兴最近的一个时代，我们比以往任何一个时期都更加自信，比以往任何一个时期都更有底气。

我们文化自信的大厦有其深厚根基。纵览历史，中华文化植根于华夏大地，把内部差异极大的广土巨族整合成多元一体的中华民族，具有独特文化基因和自身发展历程；观察现实，中华文明的人文底蕴处处可见，超然处有着恬淡、旷远里有着精深、静谧时有着清净、厚重中有着博大；放眼世界，中国人的宇宙观、天下观、社会观、道德观等无不包含着人类追求的真善美，中华文明在与世界其他文明相互交往交流交融中，以互鉴破解冲突，与时代共同进步，相互理解和尊重，不断焕发新的生命力。

2022 年 6 月 8 日，习近平总书记在四川考察时来到三苏祠，十分感慨地表示：“一滴水可以见太阳，一个三苏祠可以看出我们中华文化的博大精深。我们说要坚定文化自信，中国有‘三苏’，这就是一个重要例证。”图为坐落于四川省眉山市东坡区的三苏祠。

礼敬中华文化，我们有自信的底气。如何对待自己的优秀传统文化，是判断一个国家、一个民族有没有文化自信的重要标准。习近平总书记强调，“中华优秀传统文化是中华民族的突出优势，是我们在世界文化激荡中站稳脚跟的根基”。在几千年的历史流变中，中华民族从来不是一帆风顺的，遇到了无数艰难困苦，但我们都挺过来、走过来了，其中一个很重要的原因就是世世代代的中华儿女培育和发展了独具特色、博大精深的中华文化，为中华民族克服困难、生生不息提供了强大精神支撑。

单就文化起源来看，中华文化的厚重程度在世界文化史上无出其右。我国有着百万年的人类史、一万年的文化史、五千多年的文明史。时间固然是衡量文化悠久、文明博大的重要考量，但古往今来，文化的沉浮、文明的消亡司空见惯。据统计，在近6000年的人类文明历史中，出现过26个文明形态，中华民族是唯一“有古有今”而又能延续数千年、文明从未中断过的民族。一个最明显的例证是，在河南安阳西北郊洹河南北两岸，殷墟出土的甲骨文保存了3000年前的文字，把中国信史向上推进了约1000年。当代汉字与甲骨文“日”“月”“人”端然象形，一脉相承，成为世界文明发展史上

图为王宾中丁·王往逐兕涂朱卜骨刻辞，此骨硕大完整，叙辞、命辞、占辞及验辞四项俱全，只有局部残损，刻辞内容颇为丰富，涉及祭祀、田猎、天象等方面。

绝无仅有的奇迹。历史的长河积淀下的是穿透时空的思想。中华文明在长期演进过程中，形成了中国人看待世界、看待社会、看待人生的独特价值体系、文化内涵和精神品质，这是我们区别于其他国家和民族的根本特征，也铸就了中华民族博采众长的文化自信。中华文化独一无二的理念、智慧、气度、神韵，增添了中国人民和中华民族内心深处的自信和自豪，构筑起了中华民族世世代代所认同的中华优秀传统文化精华和人民群众日用而不觉的共同价值观念，中国人的信仰体系与精神世界因之绵延恒久。

读懂中国实践，我们有自信的底气。《庄子·秋水》中写道："且子独不闻夫寿陵余子之学行于邯郸与？未得国能，又失其故行矣，直匍匐而归耳。"我们千万不能"邯郸学步，失其故行"。2021 年 3 月，习近平总书记在考察福建朱熹园时指出："如果没

朱熹（1130—1200），南宋理学家、哲学家，他的哲学体系以"二程"的理本论为基础，主张理依气而生物，并从气展开了一分为二、动静不息的生物运动，他的思想与"二程"学说合称为"程朱理学"。图为坐落于福建省武夷山市的朱熹园。

有中华五千年文明，哪里有什么中国特色？如果不是中国特色，哪有我们今天这么成功的中国特色社会主义道路？”事实胜于雄辩，实践检验真理，实践最有说服力。当代中国的伟大社会变革，不是简单延续我国历史文化的母版，不是简单套用马克思主义经典作家设想的模板，不是其他国家社会主义实践的再版，也不是国外现代化发展的翻版。中国式现代化伟大实践既是历史的选择、人民的选择，更是文化自信的选择。新时代以来的伟大成就与伟大变革是我们坚持走自己的路，立足中华民族伟大历史实践和当代实践，用中国道理总结好中国经验、把中国经验提升为中国理论的生动诠释。今天，我们踏着历史的河流，吸吮着中华民族漫长奋斗积累的文化养分，拥有 14 亿多中国人民聚合的磅礴之力，走自己的路，具有无比广阔的舞台，具有无比深厚的历史底蕴，具有无比强大的前进定力。我们从伟大的中国实践中坚定文化自信，就是要立足波澜壮阔的中华五千多年文明史，深刻感悟中华优秀传统文化是中国道路的源头活水，在实践中不断丰富中国道路的文化内涵、厚植中国道路的文化底蕴。

放眼国际视野，我们有自信的底气。“世界怎么了、我们怎么办”成为当今的世界之问。中华优秀传统文化的丰富哲学思想、人文精神、教化思想、道德理念等，蕴藏着解决当代人类面临的难题的重要启示。英国历史学家汤因比认为，能够帮助解决二十一世纪的世界问题，唯有中国孔孟的学说。中华优秀传统文化凝聚着中国人民世世代代积淀传承下来的思想精华，具有跨越时空、超越国界的永恒魅力。2022 年 2 月 4 日，北京冬奥会开幕式以“二十四节气”为主题创意，用“中国式浪漫”美学惊艳了世界，也让全世界领略了这一中国古老历法的独特文化魅力。当中国气质与奥

2022 年 2 月 4 日，第二十四届冬季奥林匹克运动会开幕式在北京国家体育场举行。

林匹克交相辉映，当五环旗下汇聚五洲宾朋，北京冬奥会折射出更加坚定的文化自信，诠释着新时代中国的从容姿态，传递出中华儿女与世界人民“一起向未来”的共同心声。在中华优秀传统文化的丰厚滋养下，我们正在走中国特色社会主义的人间正道，“中国之治”与“西方之乱”的鲜明对比更加坚定了我们走这条路的实践自信、文化自信。的确，从大的时间轴来看，一个处于半殖民地半封建社会的中华文化，与一个成为世界第二大经济实体、和平发展中的中华文化相比，一个经济落后不断挨打、处于世界边缘时期的中华文化，与日益走向世界政治舞台中心的中华文化相比，哪个更具文化自信的底气，这是不言而喻的。现在，“中国看世界”，已在不知不觉中演变成“世界看中国”——不仅看中国发展、中国方案，更看文化中国。

3. 实现精神上的独立自主

对个人而言，精神赋予体魄更旺盛的生命力；对民族和国家而言，精神是凝心聚力、基业长青的灵魂。如果没有自己的精神独立性，那政治、思想、文化、制度等方面的独立性就会被釜底抽薪。新时代新征程，我们比以往任何时候都更加需要精神上的独立自主，坚持自力更生，始终把国家和民族发展放在自己力量的基点上、把中国发展进步的命运牢牢掌握在自己手中。

习近平总书记指出，任何文化要立得住、行得远，要有引领力、凝聚力、塑造力、辐射力，就必须有自己的主体性。文化主体性，是文化自信的根本依托。有了文化的主体性，才有文化意义上坚定的“自我”，中华民族才有精神上的独立自主。历史和现实都表明，一个抛弃或者背叛了自己历史文化的民族，不仅不可能发展起来，而且很可能上演一幕幕历史悲剧。从漫漫历史长河来看，中华文明是世界上唯一绵延不断且以国家形态发展至今的伟大文明，这充分证明了中华文明具有自我发展、回应挑战、开创新局的文化主体性与旺盛生命力。可以这样讲，文化主体性是中华民族有别于其他民族的文化基因、精神品质以及独特价值体系，是中华民族主体性的文化表征。

实现精神上的独立自主，就是要确立我们的文化主体性。中华民族是中华文化的主体，文化主体性深深扎根于中华民族厚重的历史文化之中，在文化创新创造中展现出蓬勃生机活力，绽放出新的文明结晶，彰显出引领时代的强大文化力量。这一主体性是中国共产党踔厉奋发、勇毅前行，带领中国人民在华夏大地上

足迹

2019年8月，习近平总书记在视察嘉峪关时强调，“当今世界，人们提起中国，就会想起万里长城；提起中华文明，也会想起万里长城。长城、长江、黄河等都是中华民族的重要象征，是中华民族精神的重要标志。为实现中华民族伟大复兴的中国梦凝聚起磅礴力量。”我们更加深刻感受到，只有真正实现了精神上的独立自主，一个国家才能在国际竞争中立于不败之地。图为甘肃嘉峪关长城。

建立起来的；是在创造性转化、创新性发展中华优秀传统文化，继承革命文化，发展社会主义先进文化的基础上，借鉴吸收人类一切优秀文明成果的基础上建立起来的；是通过把马克思主义基本原理同中国具体实际、同中华优秀传统文化相结合建立起来的。创立习近平新时代中国特色社会主义思想，就是这一文化主体性的最有力体现。中国共产党因此有了引领时代的强大文化力量，中华民族和中国人民因此有了国家认同的坚实文化基础，中华文明因此有了和世界其他文明交流互鉴的鲜明主体意识。我们要从博大精深的思想、浩瀚厚重的文化、璀璨夺目的文明中汲取智慧和力量，让中华民族的精神世界更加昂扬奋发。

坚持思想铸魂，增强文化引领力。思想是文明的坚硬内核。近代以来，中国逐渐沦为半殖民地半封建社会，中华民族遭受前所未有的劫难，中华民族的文化主体性日渐式微。只有中国人学会了马克思列宁主义以后，中国人在精神上才由被动转入主动，更加自力更生、自信自强，守住了中华民族的文化主体性。马克思主义既是一种强有力的革命理论，也是一种充满活力的文明再造理论。一部马克思主义中国化时代化的历史，很大程度上就是马克思主义的科学理论有机融入中国本土文化的价值观念、行为规范和模式中，从而得到人民大众认同的历史。在当今中国，习近平新时代中国特色社会主义思想接续历史荣光、彰显时代气象、贯通宏阔未来，展现出厚重的文化情怀、宏阔的文化气度、深沉的文化担当，是对悠久厚重中华文化的重新激活，谱写了古老文明浴火重生的新篇章。我们要用这一思想武装头脑、指导实践、推动工作，让党的创新理论在日用而不觉中为广大人民群众所理解、所掌握，源源不断汇聚推动文化进步的广泛共识，筑牢文化主体性的思想基石。

坚持滋养涵育，增强文化凝聚力。树高千尺有根，水流万里有源。文化像空气一样无时不在、无处不在，能够以无形的意识、无形的观念，深刻影响着有形的存在、有形的现实。对于一个国家、一个民族来说，文化始终是血脉和纽带，铭刻着集体记忆，寄托着共同追求，体现着民族的认同感、归属感，反映了民族的生命力、凝聚力。中华优秀传统文化是我们这个民族深沉而厚重的历史记忆，是凝聚人心、团结奋斗的精神纽带。我们要根植于五千多年中华文明的沃土，不断挖掘、提炼和吸收中华优秀传统文化的智慧结晶；从革命文化中汲取“革命理想高于天”的崇高信念，弘扬伟大建党精神；从社会主义先进文化中汲取进一步全面深化改革的力量，打开文化主体性更为广阔的空间。

■ 伟大建党精神

2021年7月1日，习近平总书记在庆祝中国共产党成立100周年大会上的重要讲话中首次提出伟大建党精神：“一百年前，中国共产党的先驱们创建了中国共产党，形成了坚持真理、坚守理想，践行初心、担当使命，不怕牺牲、英勇斗争，对党忠诚、不负人民的伟大建党精神，这是中国共产党的精神之源。”100多年来，中国共产党弘扬伟大建党精神，在长期奋斗中构建起中国共产党人的精神谱系，锤炼出鲜明的政治品格。伟大建党精神，是对中国共产党人精神谱系的高度凝练，是中国共产党人精神谱系的本和源、灵和魂，是贯通中国共产党人精神谱系的一条红线。

坚持创新发展，增强文化创造力。创新是文明发展进步的不竭动力。如果一个民族将文化发展的希望仅寄托于传统的复兴，而不是当代文化的发展勃兴，不但是复古的，更是虚幻的。在汹涌澎湃的世界文化发展大潮中，唯有创新才能增强文化主动性，把握时代、引领时代。必须坚持以创新精神对待文化的传承发展，积极推动中华优秀传统文化融入国民教育，大力发展体现时代特质的文化事业和文化产业，更好将传承与创新有机统一起来，以传承滋养创新、以创新升华传承，真正用优秀的文化塑造人，展现中华文化主体性的恒久魅力。

坚持兼收并蓄，增强文化辐射力。文化主体性是在文化的交流交融中、文明的互鉴共生中彰显出来的。中国是世界上有着最古老历史和文化的国家之一，中华民族具有悠久的优秀传统文化，自古就有开放包容、兼收并蓄的文化胸怀。从历史上的佛教东传、

"伊儒会通"，到近代以来的"西学东渐"、新文化运动、马克思主义和社会主义思想传入中国，再到改革开放以来全方位对外开放，中华文明始终在交流互鉴中自觉清醒、在兼收并蓄中历久弥新、在发展壮大中熠熠生辉。就以汉字的传播为例，来自美国的汉字叔叔理查德用了半辈子研究汉字，花了 20 年的时间将甲骨文、金文、小篆等字形整理好并放到网上，只为能够有更多的人了解汉字、认识汉字、传播推广汉字。他说："我觉得我能改变

大型通俗理论节目《中国智慧中国行》由国家广播电视总局指导，江苏省委宣传部、江苏省广播电视局、江苏省广播电视总台制作。节目精心选取了"天下为公""民为邦本""为政以德""革故鼎新""任人唯贤""天人合一""自强不息""厚德载物""讲信修睦""亲仁善邻"等中华传统文化十大主题，从文化源起、文化影响、历史人物、现代传播、国际视角等不同维度予以解读。

这些年轻人的生活，哪怕只是一点点。”站在《中国智慧中国行》舞台上的他金发碧眼，语言表达磕磕绊绊，但心中的执着、眼里的光亮、儒雅的举止，就体现着汉字传承的精神。今天，我们要胸怀天下，站稳中华文化立场，面向现代化、面向世界、面向未来，讲好我们的文化故事、文明叙事，拓展中华文明的深度、厚度、广度，进一步巩固文化主体性，推动中华文明长河澎湃向前。

E起学习

1. 习近平：《坚定文化自信，建设社会主义文化强国》，《求是》2019年第12期。
2. 习近平：《在哲学社会科学工作座谈会上的讲话》，《人民日报》2016年5月19日。
3. 习近平：《把中国文明历史研究引向深入　增强历史自觉坚定文化自信》，《求是》2022年第14期。

六

践行社会主义核心价值观

核心价值观是文化软实力的灵魂、文化软实力建设的重点。这是决定文化性质和方向的最深层次要素。一个国家的文化软实力，从根本上说，取决于其核心价值观的生命力、凝聚力、感召力。培育和弘扬核心价值观，有效整合社会意识，是社会系统得以正常运转、社会秩序得以有效维护的重要途径，也是国家治理体系和治理能力的重要方面。历史和现实都表明，构建具有强大感召力的核心价值观，关系社会和谐稳定，关系国家长治久安。

——2014年2月24日，习近平总书记在十八届中共中央政治局第十三次集体学习时的讲话

2014年春，习近平总书记走进北京大学校园，在同师生座谈时指出：“人类社会发展的历史表明，对一个民族、一个国家来说，最持久、最深层的力量是全社会共同认可的核心价值观。”核心价值观是一个民族赖以维系的精神纽带，是一个国家共同的思想道德基础。培育和践行社会主义核心价值观是凝魂聚气、强基固本的基础工程。

价值观的力量，比生存的需要更崇高，比血浓于水的亲情更博大，它为人生赋值、为社会定规、给国家赋形。有什么样的核心价值观，就有什么样的国家、社会和公民，就有什么样的取向、路径和行动。如果没有共同的核心价值观，一个民族、一个国家就会魂无定所、行无依归。我们要在全社会大力弘扬和践行社会主义核心价值观，使之像空气一样无处不在、无时不有，成为全体人民共同的精神追求，成为我们生而为中国人的独特精神支柱，成为百姓日用而不觉的行为准则。

1. 文化建设“主心骨”

全社会共同认可的核心价值观是意识形态中最持久、最深层的力量，要完善培育和践行社会主义核心价值观制度机制，用社会主义核心价值观引领社会思潮，在全党全社会形成共同理想信念、强大精神力量、基本道德规范，提高全民族文明程度。习近平总书记指出，加强文化建设要有主心骨，社会主义核心价值观要广泛宣传教育、广泛探索实践，使社会主义核心价值观成为引导人们前进的强大精神动力。

一般来讲，价值观是人类在认识、改造自然和社会的过程中产生与发挥作用的。不同民族、不同国家由于其自然条件和发展历程不同，产生和形成的核心价值观也各有特点。一个民族、一个国家的核心价值观必须同这个民族、这个国家的历史文化相契合，同这个民族、这个国家的人民正在进行的奋斗相结合，同这个民族、这个国家需要解决的时代问题相适应。世界上没有两片完全相同的树叶。一个民族、一个国家，必须知道自己是谁，是从哪里来的、要到哪里去，想明白了、想对了，就要坚定不移朝着目标前进。

在当代中国，我们倡导富强、民主、文明、和谐，自由、平等、公正、法治，爱国、敬业、诚信、友善的社会主义核心价值观。富强、民主、文明、和谐是国家层面的价值要求，自由、平等、公正、法治是社会层面的价值要求，爱国、敬业、诚信、友善是公民层面的价值要求。社会主义核心价值观集中体现了当代中国精神，凝结着全体人民共同的价值追求，是凝聚人心、汇聚民力的强大力量。

足迹

2014年5月4日，习近平总书记在北京大学考察时强调："青年要从现在做起、从自己做起，使社会主义核心价值观成为自己的基本遵循，并身体力行大力将其推广到全社会去。""无论什么时候，我们都要坚守在中国大地上形成和发展起来的社会主义核心价值观，在时代大潮中建功立业，成就自己的宝贵人生。"习近平总书记的重要讲话深刻阐述了社会主义核心价值观的重大意义、丰富内涵和实践要求，深刻回答了当代青年践行社会主义核心价值观的时代责任和努力方向。图为北京大学校园一景。

社会主义核心价值观传承着中华优秀传统文化的基因。中华文明绵延数千年，孕育了独特的价值体系。中华优秀传统文化已经成为中华民族的基因，植根在中国人内心，潜移默化影响着中国人的思想方式和行为方式。我们提倡和弘扬的社会主义核心价值观，是中华民族自古以来在建设民族家园的过程中创造的文化

顾炎武（1613—1682），明末清初思想家、学者，江苏昆山人，号亭林，世称亭林先生。他学问渊博，于国家典制、郡邑掌故、天文仪象、河漕、兵农以及经史百家、音韵训诂之学都有研究。著有《日知录》《天下郡国利病书》《亭林诗文集》等。“天下兴亡，匹夫有责”这句家喻户晓的名言正是源于顾炎武的《日知录》，这句话言简意赅地指出个人应对国家兴亡承担责任，对激发中华儿女的爱国精神和责任意识发挥了重要作用。

成果、思想宝藏，体现了五千多年来中华民族在生产生活中形塑的世代传承的世界观、人生观、价值观。社会主义核心价值观在国家层面倡导的价值目标，与传统文化中“国家一统”的理想追求、“天下为公”的政治信仰、“民惟邦本”的为民情怀、“以文化人”的教育理念、“和而不同”的处世智慧相通；在社会层面倡导的价值取向，借鉴了传统文化中“道法自然，天人合一”的自然观念、“允执厥中”的思维方式和“隆礼重法”的治国思想；在个人层面倡导的价值准则，则是对传统文化中“天下兴亡，匹夫有责”的爱国思想、“经世致用，知行合一”的实践理性、“言而有信”的诚信观念、“仁者爱人”的忠恕之道的传承和弘扬。作为中华民族最深层的精神追求和最根本的精神基因，中华优秀传统文化与社会主义核心价值观血脉相承、文脉相连。

社会主义核心价值观寄托着近代以来中国人民上下求索、历经千辛万苦确立的理想和信念。我们倡导的社会主义核心价值观，是中国共产党人以马克思主义为指导，在百年奋斗的伟大实践中，在紧密结合中国实际、时代特征、人民愿望的基础上形成的重大

著名雕塑家滑田友所作人民英雄纪念碑《五四运动》浮雕

理论创新成果。只有溯源最深沉的历史，才能开启最长远的未来。五四运动形成了爱国、进步、民主、科学的五四精神，拉开了中国新民主主义革命的序幕，促进了马克思主义在中国的传播，推动了中国共产党的建立，一批又一批的仁人志士在救亡图存、振兴中华的历史洪流中谱写了一曲曲感天动地的人生乐章。社会主义核心价值观集中体现了中国共产党人的奋斗目标、历史责任、执政方式和精神追求。2019年，党的十九届四中全会创造性提出“坚持以社会主义核心价值观引领文化建设制度”，并作出战略部署，提出一系列重大举措。模范践行社会主义核心价值观，我们要坚定对共产主义和中国特色社会主义的理想信念，把追求共产主义的远大理想和加强文化建设的现实任务结合起来，不断增强做好文化工作的价值定力，不断鼓足中国人的志气、骨气、底气。

社会主义核心价值观承载着我们每个人的美好愿景。人创造了文化，文化也塑造着人。文化对人来说，是一种精神上的内在需求、普遍需求。核心价值观是文化最深沉的内涵，决定着文化的性质和方向，体现着一个民族、一个国家的文化理想和精神高度。人们需要通过文化特别是核心价值观，来启蒙心智、认识社会，获得思想上的教益，来愉悦身心、陶冶性情，获得精神上的满足和依归。随着我国社会主要矛盾的变化，人们不再仅仅局限于吃饱穿暖等物质方面的需求，对丰富精神文化生活的期待更加迫切、愿望更加强烈，文化越来越成为保障和改善民生的重要内容。我们要用社会主义核心价值观充实和丰盈人们的精神文化世界，提高人们的生活质量和幸福指数，让我们每个人的人生更有价值、生活更加美好。

2. 揭穿西方“普世价值”的“利器”

吾心信其成，则无坚不摧。培育和践行社会主义核心价值观是在世界文化激荡中保持精神独立、挺起文化脊梁的有力抓手。越是面临变局变革，越要筑牢道德根基、凝聚价值共识，拿起社会主义核心价值观这个锐利武器，穿透形形色色的思想迷雾。

文化领域是没有硝烟的战场，也是价值观争夺人心的地带。长期以来，一些西方国家把他们演绎的“自由”“民主”“人权”等价值观念鼓吹为“普世价值”，在世界范围内进行推销，对那些不听命、不顺从他们的国家，更是挥舞价值观念的大棒进行打压。“普世价值”与社会主义核心价值观的交锋是思想战线持久的斗争。我们要时刻保持头脑清醒，擦亮眼睛，警惕借所谓的“普世价值”抹黑我们党、我国社会主义制度和文化传统的行为，用我们自己的价值观揭发西方“普世价值”的虚伪性、欺骗性、迷惑性，努力抢占价值体系的制高点。

足迹

2014年3月29日，习近平总书记在柏林同德国汉学家、孔子学院教师代表和学习汉语的学生代表座谈时强调："中华优秀文化传统已经成为中国文化的基因，根植在中国人内心，潜移默化影响着中国人的行为方式。我们正在构建社会主义核心价值观，其中一些重要内容就是源于中华文化。"社会主义核心价值观展现出深厚的文化自信，在世界文化激荡的大潮中焕发出强大生命力和影响力。图为德国法兰克福孔子学院在莱茵兰－普法尔茨州州府美因茨参加跨文化周活动，孔子学院的志愿者和教师热情向访客介绍中国文化。

在经济基础上，西方"普世价值"建立在私有制经济基础之上，是与资产阶级的经济关系和经济制度相一致的价值体系。所谓的"自由""民主""平等""人权""博爱"本质上是为了发展资本主义生产关系、维护阶级利益，甚至夺取政权而提出的。随着资本主义国家的扩张与掠夺，这些价值理念又戴上"普世"的面具，掩盖维护垄断资本主义的经济基础和阶级利益的真实意图，具有极大的欺骗性。社会主义核心价值观建立在生产资料公有制基础上，是先进生产力与生产关系的集中表达，是与我国的基本经济制度、与社会主义市场经济体制相适应的价值观体系。区别于西方资本至上的“普世价值”，我们的社会主义核心价值观本质上是为了维护最广大人民群众的根本利益。

在理论基础上，西方“普世价值”唱的是“抽象人性论”的论调，忽略不同时代、不同社会关系的历史性、现实性和具体性，淹没了人的真实性、全面性、丰富性需求。社会主义核心价值观高扬马克思主义的人性论，强调人的本质是一切社会关系的总和，在生产关系和社会关系的历史演进中认识人的一般共性，在兼顾历史传承和时代要求的基础上集中体现一个民族、一个国家的共同价值追求。这与西方片面的、畸形的价值观迥然不同，我们的价值观崇尚的是人的自由全面发展。

在价值目标上，西方“普世价值”本质上是西方对付非西方社会的意识形态，兜售的是资产阶级的价值观念，是西方资产阶级特殊利益的“遮羞布”，充当着西方国家意识形态扩张和“霸权主义”统治的“急先锋”，与人类文明的整体发展潮流相悖。2003年的格鲁吉亚“玫瑰革命”、2004年的乌克兰“橙色革命”、2005年的吉尔吉斯斯坦“郁金香革命”、2011年的亚非地区“阿拉伯之春”、2014年的乌克兰“二次颜色革命”……冷战结束以来，美国在全球多地策划推行“没有硝烟的战争”，为输出“美式价值观”忙个不停。社会主义核心价值观坚持人民至上，反映的是最广大人民群众的根本利益，集中体现着当今世界的共同价值诉求。区别于“西方中心主义”、唯我独尊的价值理念，我们的社会主义核心价值观关注的是全人类的命运，站在人类文明发展进步的最前沿。

中国独特的文化传统、独特的历史命运、独特的基本国情，注定我们必然坚守根植于中华文化沃土又具有当代中国特色的价值观，必然旗帜鲜明地批驳西方“普世价值”的谬论。只有持续培育和践行社会主义核心价值观，大力传承和延续中华民族思想精髓、精神基因、文化血脉，才能更好构筑中国精神、中国价值、中国力量，发展壮大主流价值、主流舆论、主流文化，使中华民族以更加昂扬的姿态屹立于世界民族之林。

3. 凝心聚力的“最大公约数”

习近平总书记指出，社会主义核心价值观是当代中国精神的集中体现，凝结着全体人民共同的价值追求。它具有强大的感召力、凝聚力和引导力，能够最大限度地凝聚社会共识，促进社会团结和谐，是全社会共同认同的最大公约数。培育和践行社会主义核心价值观，贵在坚持知行合一、坚持行胜于言，在落细、落小、落实上下功夫。要注意把社会主义核心价值观日常化、具体化、形象化、生活化，使每个人都能感知它、领悟它，内化为精神追求，外化为实际行动。

融入家庭家教家风是基础。家风的“家”，是家庭的“家”，也是国家的“家”。习近平总书记强调，“家庭是社会的基本细胞，是人生的第一所学校。不论时代发生多大变化，不论生活格局发生多大变化，我们都要重视家庭建设，注重家庭、注重家教、

足迹

2013年11月26日，习近平总书记在山东曲阜的孔府和孔子研究院参观考察时指出："只要中华民族一代接着一代追求美好崇高的道德境界，我们的民族就永远充满希望。"核心价值观，是一种德，既是个人之德，也是一种大德，即国家之德、社会之德。中华民族伟大复兴的前景之所以越来越清晰可感，一个重要原因，就在于中国共产党和中国人民对立人之德、强党之德、兴国之德的坚定追求与积极践行。图为孔子研究院。

注重家风。"对此，习近平总书记曾经回忆："记得我很小的时候，估计也就是五六岁，母亲带我去买书。""我偷懒不想走路，母亲就背着我，到那儿买岳飞的小人书。""买回来之后，她就给我讲精忠报国、岳母刺字的故事。我说，把字刺上去，多疼啊！我母亲说，是疼，但心里铭记住了。'精忠报国'四个字，我从那个时候一直记到现在，它也是我一生追求的目标。"

党的十八大以来，社会主义核心价值观、家庭家教家风的内

2021年10月23日，第十三届全国人民代表大会常务委员会第三十一次会议通过《中华人民共和国家庭教育促进法》。该法规定父母或者其他监护人为促进未成年人全面健康成长，对其实施的道德品质、身体素质、生活技能、文化修养、行为习惯等方面的培育、引导和影响。同时，要求家庭教育以立德树人为根本任务，培育和践行社会主义核心价值观，弘扬中华民族优秀传统文化、革命文化、社会主义先进文化，促进未成年人健康成长。

容被写入宪法、民法典等法律法规，将家庭教育由传统“家事”上升为新时代的重要“国事”；家庭文明建设被列入精神文明建设总体布局，覆盖城乡的家庭教育指导服务体系建设加快推进，家庭家教家风在基层社会治理中的重要作用日益凸显。新征程上，我们要坚持以社会主义核心价值观为统领，推动理想信念教育常态化制度化，完善培育和践行社会主义核心价值观制度机制。大力培育新时代家庭观，注重发挥各级领导干部带头示范作用，继承和弘扬革命前辈的红色家风，引导全社会厚植家国情怀，推动形成社会主义家庭文明新风尚。

融入日常生活习惯是关键。社会主义核心价值观来源于生活。生活是培育社会主义核心价值观的肥沃土壤，并为其不断发展、保持旺盛的生命力提供养料。社会主义核心价值观不能仅仅是写在文件和报告中的抽象文字，而应该是指导人民群众具体实践、真正作用于日常生活的价值指南。要将社会主义核心价值观融入

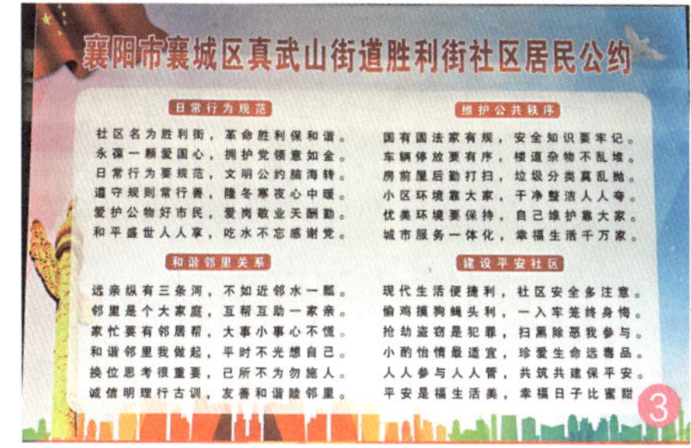

1 用情景剧开展移风易俗宣传

2 学校开展“八礼四仪”活动

3 社区居民公约

各行各业的实际工作中，融入大众日常的消费、休闲、娱乐等多样化的生活方式中，融入大众文化中，融入各项制度、公约、守则的制定与实施中，融入各种仪式制度和各种纪念庆典活动中，融入各种精神文明创建活动中，融入日常的社会管理中，融入广大党员干部日常生活的一言一行中，使日常生活的方方面面成为社会主义核心价值观的阐释者、传播者、证明者、强化者，使日常生活与核心价值观建设同频共振，使人民群众全领域、全时段受到它的熏染。新征程上，要找准社会主义核心价值观与人们思想的共鸣点、与群众利益的交汇点。既建立文明守则、乡规民约、道德规范等，有效引导社会民众行为，又注重国民教育、精神文明创建、精神文化产品创作生产传播的引领作用，健全社会公德、职业道德、家庭美德、个人品德建设体制机制，健全诚信建设长效机制，教育引导全社会自觉遵守法律、遵循公序良俗，使社会主义核心价值观像空气一样无处不在、无时不有。

融入法律法规制度是保障。社会主义核心价值观建设既要依靠教育和自我教育，也要依靠法律和规章制度，综合运用各种手段，促进扶正祛邪、扬善惩恶社会风气的形成、巩固和发展。新征程上，要在抓好全民法制宣传教育的同时，加大执法力度，严厉打击各种违法犯罪活动；积极推动立法进程，把社会主义核心价值观的要求转化为具有刚性约束力的法律规定，用法律的权威维护主流意识形态；建立完善社会主义核心价值观建设监督约束机制，通过制定信誉公约、进行信用考核、建立不良行为档案等手段，引导人们见微知著，防微杜渐；深入推进党风廉政制度建设，严肃查处领导干部违纪违法行为，树立领导干部清正廉洁的形象，以“关键少数”的良好作风带动全社会良好风尚的形成。

社会主义核心价值观要被人民群众普遍接受、理解和掌握，并转化为社会群体的共识，需要进行长期系统有效的宣传教育，需要一个从理念到素质再到心理的养成和内化过程。一段时期里，马克思主义理论教育效果不显著，最突出的问题就是理论不能很好地解释现实，对理论热点难点不能及时有效地回应。在社会主义核心价值观教育过程中，要善于抓住热点、突破难点、消除疑点，把科学道理讲清、讲懂、讲通、讲实。如坚持马克思主义的指导地位，就要讲清一元主导与多元并存的关系。要遵循思想文化建设的普遍规律，又适应群众的特点和接受能力，从他们的思想实际和生活实际出发，深入浅出，寓教于乐，循序渐进。要多用鲜活通俗的语言，多用生动典型的事例，多用喜闻乐见的形式，多用疏导的方法、参与的方法、讨论的方法，进一步增强社会主义核心价值观宣传教育的针对性和实效性，推动社会主义核心价值观建设有温度、接地气、聚人气。

E起学习

1. 习近平：《青年要自觉践行社会主义核心价值观——在北京大学师生座谈会上的讲话》，《人民日报》2014 年 5 月 5 日。

2. 习近平：《从小积极培育和践行社会主义核心价值观——在北京市海淀区民族小学主持召开座谈会时的讲话》，《人民日报》2014 年 5 月 31 日。

3. 习近平：《在会见第一届全国文明家庭代表时的讲话》，《人民日报》2016 年 12 月 16 日。

七

铸牢中华民族共同体意识

中华民族是一个大家庭，各族人民要像石榴籽一样紧紧抱在一起。要不断筑牢中华民族共同体意识，把各族人民的心紧紧连在一起，把各方面的力量广泛凝聚到一起，共同推进中国式现代化，共襄中华民族伟大复兴的盛举。

——2024 年 6 月 19 日，习近平总书记在宁夏银川市金凤区长城花园社区考察时的讲话

夏日的新疆，风景如画。各族人民在这片辽阔的土地上共居共学、共建共享、共事共乐。2014 年 4 月，习近平总书记来到这片热土，从南疆重镇喀什到首府乌鲁木齐，深入乡村、企业、部队、学校等调研，行程满满。同年5月，第二次中央新疆工作座谈会召开，在这次重要会议上，习近平总书记鲜明提出“中华民族共同体意识”。铸牢中华民族共同体意识，构筑中华民族共有精神家园是，新时代新文化建设的一个重要使命。

党的十八大以来，我们党强调中华民族共同体、铸牢中华民族共同体意识、推进中华民族共同体建设等理念，鲜明提出把铸牢中华民族共同体意识作为新时代党的民族工作和民族地区各项工作的主线，开辟了马克思主义民族理论中国化时代化新境界，党的民族工作取得新的历史性成就。一个生机勃勃、花团锦簇的各民族共同团结奋斗、各民族共同繁荣发展、各族人民共享新时代荣光的局面正在感召着亿万中华儿女。

1. 中华文明缔造的民族团结之本

中华民族是世界上伟大的民族，创造了源远流长、辉煌灿烂、举世无双的中华文明。一部中国史，就是一部各民族交融汇聚成多元一体中华民族的历史，就是各民族共同缔造、发展、巩固统一的伟大祖国的历史。我国各民族之所以团结融合，多元之所以聚为一体，源自各民族文化上的兼收并蓄、经济上的相互依存、情感上的相互亲近，源自中华民族追求团结统一的内生动力。

多民族的大一统，各民族多元一体，是老祖宗留给我们的一笔重要财富，也是我们国家的一个重要优势。新时代，如何铸牢民族团结之根，凝聚民族和睦之魂，延续各族人民共同创造的生生不息的中华文化？习近平总书记指出，中华民族共同体意识是民族团结之本，“要深入践行守望相助理念，深化民族团结进步教育，铸牢中华民族共同体意识，促进各民族像石榴籽一样紧紧抱在一起，共同守卫祖国边疆、共同创造美好生活”。中华民族共同体意识，正是习近平总书记民族观的鲜明体现。这九个字，既富有深意，又饱含深情，是五千多年文明史铸就的民族传承。

中华民族共同体意识赓续文脉，充盈着浩然的民族魂。中华民族自古以来就秉持“六合同风，九州共贯”“天下大同”的理念，把大一统看作“天地之常经，古今之通义”。早在先秦时期，我国就逐渐形成了以炎黄华夏为凝聚核心、“五方之民”共天下的交融格局。秦国“书同文，车同轨，量同衡，行同伦”，开启了中国统一的多民族国家发展的历程。此后，无论哪个民族入主中原，都以统一天下为己任，都以中华文化的正统自居。在漫长的发展历程中，我国各民族共同开拓了祖国的辽阔疆域，共同缔造了统一的多民族国家，共同书写了辉煌的中国历史，共同创造了灿烂的中华文化，共同培育了伟大的民族精神，逐渐形成血脉相融、骨肉相连，你中有我、我中有你，多元一体、不可分割的命运共同体。我们可以自豪地讲，五千多年中华文明所孕育的伟大祖国、伟大民族，永远是全体中华儿女最深沉、最持久的情感所系。在这片辽阔、美丽、富饶的土地上，各族人民都有一个共同家园，就是中国；都有一个共同身份，就是中华民族；都有一个共同名字，就是中国人；都有一个共同梦想，就是实现中华民族伟大复兴。

"六合同风"出自《汉书》："《春秋》所以大一统者，六合同风，九州共贯也"。大意是说，《春秋》所推崇的大一统，就是全国各地风俗教化相同，九州方圆政令法规贯通。

中华民族共同体意识坚守理想，散发出浓郁的真理味。民族交往联合理论是马克思主义民族理论的重要组成部分。恩格斯指出："没有民族统一，民族生存只不过是一个幻影"。列宁也强调民族团结的重要性："我们应当永远无条件地努力使各民族的无产阶级最紧密地联合起来。"这些经典理论为铸牢中华民族共同体意识奠定了坚实的理论基础。作为马克思主义政党，中国共产党继承与发展了马克思主义的民族理论和民族政策。毛泽东强调民族平等和民族团结，对中国特色解决民族问题的正确道路进行了开创性探索。邓小平深刻论述了如何实现各民族共同发展繁荣等问题，深刻揭示了社会主义初级阶段中国民族问题发展的规律。江泽民对中华民族关系作出了“三个离不开”的精确总结。胡锦涛将“共同团结奋斗、共同繁荣发展”作为当时民族工作的主题。党的十八大以来，习近平总书记坚持“两个结合”，鲜明提出把铸牢中华民族共同体意识作为新时代党的民族工作的主线、作为民族地区各项工作的主线，进一步拓展中国特色解决民族问题的正确道路，开辟了马克思主义民族理论中国化时代化的新境界。

2024年9月27日，习近平总书记在全国民族团结进步表彰大会上的讲话中指出：“新时代新征程，党和国家的中心任务是以中国式现代化全面推进强国建设、民族复兴，这需要全国各族人民共同团结奋斗。我们要全面贯彻新时代中国特色社会主义思想特别是党关于加强和改进民族工作的重要思想，坚持以铸牢中华民族共同体意识为主线，不断推进民族团结进步事业，推动党的民族工作高质量发展。”图为2024年全国民族团结进步表彰大会现场。

中华民族共同体意识根植现实，体现了深厚的实践性。对于幅员辽阔、地缘空间上分布差异巨大的中华疆域而言，我国南北方、东西方的地理条件悬殊，生存环境差别显著。恰如费孝通所言："民族格局似乎总是反映着地理的生态结构，中华民族不是例外。"同时，这一复杂的地理结构也"孕育了中华民族向内凝聚的统一性与对外开放的包容性"。今天，我国56个民族都具有自己独特的民族特色，体现多元性，同时统一为中华民族，体现一体性。习近平总书记用生动形象的比喻阐释了各民族与中华民族之间的多元与一体关系："56个民族是石榴籽，中华民族是整体的石榴"。船的力量在帆上，人的力量在心上。新时代新征程，党和国家的中心任务是以中国式现代化全面推进强国建设、民族复兴，这需要全国各族人民共同团结奋斗。多元一体的民族凝聚力是巨大发展潜能的精神支撑和动力源泉。习近平总书记提出的中华民族共同体意识，是千百年来各族人民对团结统一的自主认同，是中华民族永葆青春活力的深情密码。我们坚信，14亿多中华儿女的大

团结是新时代中国特色社会主义的鲜明特征，只要不断巩固发展各民族大团结、全国人民大团结、全体中华儿女大团结，形成海内外全体中华儿女心往一处想、劲往一处使的生动局面，就一定能够以团结奋斗应对百年未有之大变局，推动中华民族成为认同度更高、凝聚力更强的命运共同体，凝聚起同心共圆中华民族伟大复兴的中国梦的磅礴力量。

中华民族共同体意识厚实而深沉。只有铸牢中华民族共同体意识，才能增进各民族对中华民族的自觉认同，夯实我国民族关系发展的思想基础，构建起维护国家统一和民族团结的坚固思想长城。我们要牢固树立休戚与共、荣辱与共、生死与共、命运与共的共同体理念，顺应中华民族从历史走向未来、从传统走向现代、从多元凝聚为一体的发展大趋势，树立正确的国家观、历史观、民族观、文化观、宗教观，增强国家意识、公民意识、法治意识，坚定对伟大祖国、中华民族、中华文化、中国共产党、中国特色社会主义的高度认同，使各民族人心归聚、精神相依，像石榴籽一样紧紧抱在一起。

2024 年，反映哈萨克族生活和文化的电视剧《我的阿勒泰》在国内走红，也在海外受到追捧，成为感受中华文化魅力的一扇窗口。“民族的才是世界的”。各民族文化在中华文化的百花园中尽情绽放，中华文化将越发光彩夺目，为铸牢中华民族共同体意识提供更丰厚滋养。

2. 文化认同是最深层次的认同

“五十六个星座五十六枝花，五十六族兄弟姐妹是一家。”一首脍炙人口的歌曲《爱我中华》，响遍大江南北，传唱至今，唱出了中华儿女的共同心声，唱出了各族人民的文化情感。

树高千尺有根，水流万里有源。中华民族56个民族民心相通、守望相助、团结和睦。外国学者把这“令人吃惊的统一”看作“中国的神话”。密码何在？“文化认同是最深层次的认同，是民族团结之根、民族和睦之魂。”习近平总书记的这句话，道出了各族人民亲如一家的文化根基，揭示了中华民族多元一体的精神血脉。

文化认同是中华民族共同体身份意识的思想前提。在文化创新融合的历史变迁中，中华民族逐渐对自身群体产生了共同的集体记忆、集体认同和集体价值。我们今天耳熟能详的“龙的传人”“中华儿女”等特定概念和名称，逐渐铭刻为中华民族共同的身份标识和文化符号。文化认同是时间的积淀，承载厚重历史、展现璀璨文明。

我们的辽阔疆域，正是

改土归流

土司制度是元、明、清三朝在少数民族聚居区设立的地方政权组织形式和制度。“土司”又称“土官”，是由中国古代中央王朝任命和分封的地方官，“世官、世土、世民”是其重要特点。“改土归流”是明清两代在少数民族聚居区废除世袭土司，改行任命有任期的流官统治的一种政治措施。明永乐十一年（1413）平定思州、思南两宣慰使之乱后，废土司，设贵州布政使司，置思州、思南等八府。清雍正时，采纳云贵总督鄂尔泰的建议，在云南、贵州等省设置府厅州县，积极推行。改土归流以后，在原土司地区实行和汉族地区相同的政治制度，如丈量田地、征收赋税、编查户口、组织乡勇、兴办学校、实行科举等。改土归流加强了边远地区和内地经济、文化交流，也加强了中央对边远地区的统治。

各民族共同开拓的。领土是国家主权、安全、民族认同和文化传承的重要标志。在历史上，各族先民胼手胝足、披荆斩棘，共同开发了祖国的锦绣河山。秦代设置南海郡、桂林郡管理岭南地区，汉代设立西域都护府统辖新疆，唐代创设了 800 多个羁縻州府经略边疆，元代设宣政院管理西藏，明清两代在西南地区改土归流，历朝历代的各族人民都对今日中国疆域的形成作出了重要贡献。今天，960 多万平方公里的国土是各族先民共同开拓的，各族人民在这片广袤的土地上辛勤耕耘、共同守护，使祖国更加繁荣富强。这片土地不仅是地理空间的概念，更是中华民族历史记忆和共同情感的载体；既是中华民族团结一致、共同奋斗的重要基石，也是我们走向未来、实现中华民族伟大复兴的重要保障。

《资治通鉴》载："上皇命突厥颉利可汗起舞，又命南蛮酋长冯智戴咏诗，既而笑曰：'胡、越一家，自古未有也。'"唐初实行开明的民族政策，加之国力强大、文化先进，增强了周边民族的向心力和内聚力，促成了"胡越一家"盛况的出现。图为阎立本所作《步辇图》，以唐贞观十五年（641）正月吐蕃首领松赞干布与文成公主联姻的历史事件为背景，描述唐太宗李世民接见前来迎娶公主的吐蕃使臣禄东赞的情景。

我们的美好家园，正是各民族共同缔造的。我们共同生活的家园，是各民族共同缔造的统一的多民族国家。从历史上看，统一始终是中国发展的主流，是中华民族凝聚力和共同体意识的重要体现。我国自秦汉以来就是统一的多民族国家，各民族都把国家统一作为最高的价值追求。大一统理念深入人心，各民族交错居住、密不可分。自古以来，汉族与各少数民族相互依存、共生共荣，在经济、政治、文化等方面呈现出多元交融的趋势。这充分彰显了中华民族强大的包容力和凝聚力，也使统一成为不可阻挡的历史潮流。中华民族共同体之所以能在数千年的历史演进中不断发展壮大，根源就在于对大一统理念的推崇和实践。中华民族即使遭遇重大挫折也牢固凝聚，根子就在于对大一统的共同信念，中华文化认同的核心就是大一统认同。

我们的悠久历史，正是各民族共同书写的。文化是民族的血脉，历史是国家的根基。我国五千多年的文明史中，历经先秦、秦汉、三国两晋南北朝、隋唐、五代、宋辽夏金、元、明、清，既有汉族建立的政权，又有少数民族建立的政权。南北朝时期，各政权都自诩中华正统；宋辽夏金时期，各政权都自称承中国正统。秦汉雄风、大唐气象、康乾盛世，都是各民族在赓续中华文明、促进民族交融中共同开创出来的。中华民族的历史也是各民族携手并肩、共同奋斗的结果。从远古时期的“三皇五帝”到封建社会的兴衰更替，再到近代抗击外来侵略的浴血奋战，中华民族始终在历史的风雨中团结一心、共克时艰。漫长的中华民族历史，不仅承载了中华文明的发展脉络，更包含了各民族相互支持、相互促进的历史事实，为今天的民族团结和共同进步奠定了深厚的历史根基。

第二次鸦片战争期间，天津大沽口炮台的满、汉守军和蒙古族骑兵，迎头痛击英法联军。图为天津大沽口炮台遗址

19 世纪末和 20 世纪初，西藏军民在隆吐山、江孜两次战役中重创英国侵略者，先后给英国侵略者以有力的打击。图为江孜宗山古堡遗址，也是宗山抗英遗址所在地

我们的灿烂文化，正是各民族共同创造的。中华文化是各民族优秀文化的集大成。我国各民族创作了诗经、楚辞、汉赋、唐诗、宋词、元曲、明清小说等伟大作品，传承了格萨尔王、玛纳斯、江格尔等震撼人心的伟大史诗，建设了万里长城、都江堰、大运河、故宫、布达拉宫、坎儿井等伟大工程。展开历史长卷，从赵武灵王胡服骑射到北魏孝文帝汉化改革，从“洛阳家家学胡乐”到“万里羌人尽汉歌”，从边疆民族习用“上衣下裳”“雅歌儒服”到中原盛行“上衣下裤”、胡衣胡帽，以及今天随处可见的舞狮、胡琴、旗袍等，正是因为各民族在文化上相互尊重、相互欣赏，相互学习、相互借鉴，才造就了精彩纷呈、博大精深的中华文化。在这片辽阔的土地上，各民族文化互鉴融通、兼收并蓄，逐渐超越地域乡土、血缘世系、宗教信仰，汇聚形成具有强大凝聚力和吸引力的中华文化，中华文化认同把内部差异极大的广土巨族整

二十四史中，《周书》《北齐书》《辽史》等皆为少数民族政权编写，展现了各民族共同的历史认同，成为深入中华民族血脉的共同社会理想和政治价值。

合成多元一体的中华民族。历史充分证明，各民族对中华文化的形成和发展都作出了贡献，认同中华文化和认同本民族文化并育而不相悖。

我们的民族精神，正是各民族共同培育的。“人心所归，惟道与义。”民族精神反映了在长期的历史进程和积淀中形成的民族意识、民族文化、民族习俗、民族价值追求等共同特质，是民族传统文化中维系、协调、指导、推动民族生存和发展的精粹思想，是一个民族赖以生存、共同生活、共同发展的核心和灵魂。在这片辽阔的土地上，各族人民在千百年的历史进程中，不仅创造了灿烂的中华文化，更形成了以爱国主义为核心的民族精神，有着一脉相承的价值追求。在历史长河中，农耕文明的勤劳质朴、崇礼亲仁，草原文明的热烈奔放、勇猛刚健，海洋文明的海纳百川、敢拼会赢，源源不断注入中华民族的特质和禀赋。昭君出塞、文成公主进藏、凉州会盟、瓦氏夫人抗倭、土尔扈特万里东归、锡伯族万里戍边等历史佳话，生动诠释着习近平总书记所指出的：“中华民族精神是各族人民共同培育、继承、发展起来的，已深

淮安古运河

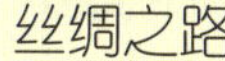

丝绸之路

茶马古道云南驿

河西走廊

> 历史上各民族交往交流交融，共同的历史凝聚着共同的记忆，构筑着共有精神家园。各民族在交往交流交融的历史过程中，形成了一些固定的交通运输线路，比如大运河、丝绸之路、茶马古道、河西走廊等。这些通道不仅是安疆固边之路、经济发展之路，也是民族团结融合之路、文明传播之路、中华民族精神孕育之路。

深融进了各族人民的血液和灵魂，成为推动中国发展进步的强大精神动力。”

中华民族共同体的形成和发展是人心所向、大势所趋、历史必然。同时，我们也要清楚：中华文化是主干，各民族文化是枝叶，根深干壮才能枝繁叶茂。把汉文化等同于中华文化、忽略少数民族文化，把本民族文化自外于中华文化、对中华文化缺乏认同，

足迹

2014年5月30日，习近平总书记在北京市海淀区民族小学主持召开座谈会时强调："中华民族有着5000多年的悠久历史和灿烂文化，而且中华文明从远古一直延续发展到今天。为什么中华民族能够在几千年的历史长河中顽强生存和不断发展呢？很重要的一个原因，是我们民族有一脉相承的精神追求、精神特质、精神脉络。"图为北京市海淀区民族小学校门。

都是不对的，都要坚决克服。各民族在文化上要相互尊重、相互欣赏，相互学习、相互借鉴，在增强对中华文化认同的基础上繁荣发展本民族文化，推进中华民族共有精神家园建设。

3. 聚力构筑中华民族共有精神家园

中华民族是一个古老而又现代的民族，它是镌刻在每一个中国人内心深处的精神印迹。从词源本义来讲，精神是人的意识、观念、思想、思维、价值、理想的统称，家园则是人的寓所、家乡、归属地。“精神家园”是相对于“物质家园”而言的，是人的精神世界的存在地，是人的精神依托。

中华民族共有精神家园是在历史发展长河中中华民族赖以生存和发展的精神世界，承载着中华各族儿女最深层次的价值追求和道德准则，共有着历史记忆、情感归属和美好期许。构筑中华民族共有精神家园是新时代党的民族工作的战略任务，是铸牢中华民族共同体意识的关键，是中华民族伟大复兴进程中各民族人心凝聚、精神相依、团结奋进的强大精神纽带。

汉代著作《淮南子》曾提出“百川异源而皆归于海”，明清之际诗人蒋玉立也曾有诗句云“江流九派尽朝宗”，意思都是说，所有的河流最终奔向大海。无论是“百川归海”，还是“九派朝宗”，都形象地概括和表达了构筑中华民族共有精神家园的方向。构建中华民族共有精神家园，要把握共同性和差异性的关系，共同性是主线和方向，差异性是要素和动力，必须做到两者的辩证统一，强化精神纽带的凝聚作用，增进民族团结的文化认同。我们既要突出中华民族这一主体，引导各民族始终把中华民族利益放在首位，也要实现好各民族具体利益，共同增强中华民族共同体

构筑中华民族共有精神家园

习近平总书记高度重视构筑中华民族共有精神家园，提出了一系列新观点、新论断、新举措：2014年，中央民族工作会议提出“建设各民族共有精神家园”；2019年，全国民族团结进步表彰大会强调“坚持文化认同是最深层的认同，构筑中华民族共有精神家园”；2021年，中央民族工作会议提出“必须构筑中华民族共有精神家园，使各民族人心归聚、精神相依，形成人心凝聚、团结奋进的强大精神纽带”；2024年，全国民族团结进步表彰大会强调，“着力构筑中华民族共有精神家园，为推进中华民族共同体建设提供强大精神文化支撑。构筑中华民族共有精神家园必须增进中华文化认同”。

意识和中华民族共有精神家园的包容性、认同度和凝聚力。

强化思想引领，让中华民族共同体意识直抵人心。思想的光芒，引领前行的方向。构筑中华民族共有精神家园、铸牢中华民族共同体意识，是党中央着眼于强国建设、民族复兴作出的重大战略决策，是习近平总书记关于加强和改进民族工作的重要思想的重要内容。我们要坚持不懈用习近平新时代中国特色社会主义思想凝心铸魂，深入学习贯彻习近平文化思想，全面贯彻落实习近平总书记关于加强和改进民族工作的重要思想。要立足中华民族悠久历史，把马克思主义民族理论同中国具体实际相结合、同中华优秀传统文化相结合，遵循中华民族发展的历史逻辑、理论逻辑，科学揭示中华民族形成和发展的道理、学理、哲理，构建科学完备的中华民族共同体理论体系，以学术自强增强“四个自信”、

2023 年底，国家民委办公厅公布了国家民委中华民族共同体研究基地（2024—2026 年周期）名单。新一轮中华民族共同体研究基地遴选，经评审专家组严格初审、复审，国家民委委务会议审批，全国共 36 家单位入选。2024 年 4 月，国家民委中华民族共同体研究基地揭牌仪式暨首届中华民族口头传统学术研讨会在扬州大学召开。图为扬州人学荷花池校区。

用理论深度引发价值共鸣。

追求共同价值，让理想信念牢牢扎根。小德川流，大德敦化。社会主义核心价值观决定着中华民族共有精神家园的发展方向。必须以社会主义核心价值观为引领，大力弘扬以爱国主义为核心的民族精神、以改革创新为核心的时代精神，用共同理想信念凝聚人心。构建铸牢中华民族共同体意识宣传教育常态化机制，深入开展民族团结进步宣传教育，创新方式讲好中华民族共同体的故事，大力宣介中华民族共同体意识。加强现代文明教育，深入实施文明创建、公民道德建设、时代新人培育等工程，引导各族群众在思想观念、精神情趣、生活方式上向现代化迈进。

深化文化认同，让中华文化走进灵魂深处。要树立和突出各

云南篇

贵州篇

江西篇

浙江篇

2023 年 9 月以来，国家民委推出“中华民族共有精神家园建设主题文化活动”，旨在深入贯彻落实习近平总书记重要讲话精神，不断拓展构筑中华民族共有精神家园的实践路径。

民族共享的中华文化符号和中华民族形象，构建和运用中华文化特征、中华民族精神、中国国家形象的表达体系，形成人心凝聚、团结奋进的强大精神纽带。加强对青少年的历史文化教育，全面推广普及国家通用语言文字，全面推行使用国家统编教材，从小就把中华民族共同体意识植入孩子们的心灵。加大各民族优秀文化遗产保护力度，实施重点文物保护工程，在增强对中华文化认同的基础上推动各民族文化创造性转化、创新性发展。打造一批具有中华文化底蕴、充分汲取各民族文化营养的书籍、舞台艺术作品、影视作品、美术作品等，充分揭示中华文明生生不息、绵延不断的生命力，让人们的文化自豪感油然而生。

共担奋斗使命，让各族人民共享新时代伟大荣光。经过几千

2023 年 8 月 1 日，“铸牢中华民族共同体意识文物古籍展”亮相北京民族文化宫。这是国家民委首次以铸牢中华民族共同体意识为主题举办展览，从馆藏的 15 万余件文物和 51 万余册古籍中，选出了 1500 余件珍贵文物古籍，为观众铺展开一幅中华民族共同体形成与发展的历史长卷。图为第一展厅内由“花瓣”组成的互动古籍墙。墙上的上千朵“花瓣”其实是一个个小书盒，盒中藏有中华各民族的典籍。每朵“花瓣”都不一样，但它们紧密相连，象征着中华民族的多元一体。

年的沧桑岁月，把我国 56 个民族、14 亿多人紧紧凝聚在一起的，是我们共同经历的非凡奋斗。围绕明确的奋斗目标形成的团结才是最牢固的团结，依靠紧密团结进行的奋斗才是最有力的奋斗。构筑中华民族共有精神家园，要引导各民族始终把中华民族根本利益放在首位，巩固和发展平等团结互助和谐的社会主义民族关系，促进各民族在理想、信念、情感、文化上的团结统一。要坚持把改善民生、凝聚人心作为民族地区经济社会发展的出发点和落脚点，支持民族地区不断深化改革开放，大力发展特色优势产业，

足迹

2021 年 6 月 8 日，青海省刚察县沙柳河镇果洛藏贡麻村，习近平总书记与 50 岁的村民索南才让话家常。习近平总书记感慨地说："中国共产党成立一百年了，我们这个党能够发展壮大起来不容易，夺取政权不容易，建设新中国不容易。为什么老百姓衷心拥护中国共产党？因为我们党始终全心全意为人民服务、为各民族谋幸福。"图为青海省海北藏族自治州刚察县沙柳河镇果洛藏贡麻村。

因地制宜发展新质生产力，提升自我发展能力，不断满足各族人民对美好生活的向往。

推进中华民族共有精神家园建设，各项工作都要往实里抓、往细里做，做到有形、有感、有效。放眼中华大地，《中华民族共同体概论》走进校园，《中华民族交往交流交融史》编纂加速推进，全国推广普通话宣传周活动创新开展……形式创新、载体丰富，叙事析理、寓教于事，一个个中华民族共有精神家园建设实践活动在中华大地落地开花，在“润物细无声”中不断增强各族群众“五个认同”，不断巩固中华民族共同体思想基础。

我们坚信，全面推进中华民族共有精神家园建设，从历史文化中汲取智慧力量，以时代精神赓续优秀传统，必将为推进中华民族共同体建设提供强大精神文化支撑，为全面推进中华民族伟大复兴提供更为主动、更为强大的精神力量。

E起学习

1. 《习近平在中央民族工作会议上强调　以铸牢中华民族共同体意识为主线　推动新时代党的民族工作高质量发展》，《人民日报》2021 年 8 月 29 日。
2. 习近平：《铸牢中华民族共同体意识　推进新时代党的民族工作高质量发展》，《求是》2024 年第 3 期。
3. 习近平：《在全国民族团结进步表彰大会上的讲话》，《人民日报》2024 年 9 月 28 日。

八

掌握信息化条件下舆论主导权

信息化为我们带来了难得的机遇。我们要运用信息革命成果，加快构建融为一体、合而为一的全媒体传播格局。

我多次说过，正能量是总要求，管得住是硬道理，现在还要加一条，用得好是真本事。媒体融合发展不仅仅是新闻单位的事，要把我们掌握的社会思想文化公共资源、社会治理大数据、政策制定权的制度优势转化为巩固壮大主流思想舆论的综合优势。要抓紧做好顶层设计，打造新型传播平台，建成新型主流媒体，扩大主流价值影响力版图，让党的声音传得更开、传得更广、传得更深入。

——2019 年 1 月 25 日，习近平总书记在十九届中共中央政治局第十二次集体学习时的讲话

2020 年 8 月，“十四五”规划建议编制开展“网络问计”，内蒙古达拉特旗蒲圪卜村村干部李电波提出的关于“互助性养老”的建言被吸纳进建议。来自小村的声音“走进”中南海，是互联网充分发挥作用、助推党心与民心相通的生动写照。从“十四五”规划到围绕党的二十大相关工作进行网络征求意见，互联网成为我们党同群众交流沟通的新平台，成为了解群众、贴近群众、为群众排忧解难的新途径，成为发扬人民民主、接受人民监督的新渠道。

随着信息技术的迅猛发展，网络空间已经成为人们生产生活的新空间，不再是“虚拟社会”而是现实社会。在网民数量世界第一的中国，互联网正成为听民意、汇民智、聚民力的重要载体。习近平总书记指出，互联网已经成为舆论斗争的主战场。在互联网这个战场上，我们能否顶得住、打得赢，直接关系意识形态安全和政权安全。我们要深刻认识舆论引导的重要性，主动加强引导，不断巩固主流思想舆论、主流价值、主流文化在网络空间的主导地位，着力提升新闻舆论传播力引导力影响力公信力，为全面推进强国建设、民族复兴伟业提供有力舆论支撑。

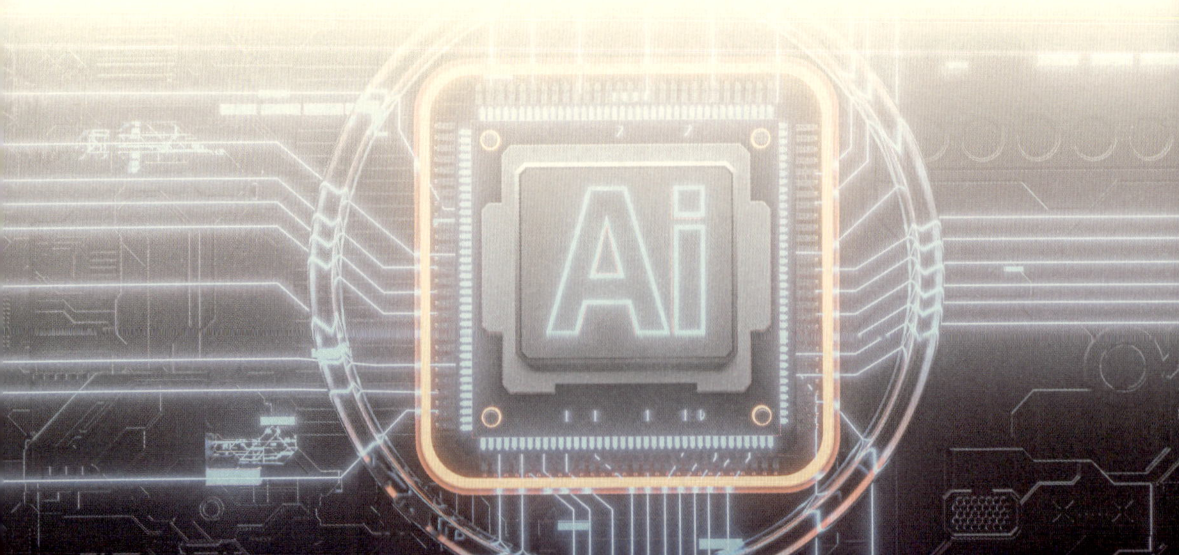

1. 过好互联网这一关

实现中国式现代化，互联网这一关必须过。过不了互联网这一关，就过不了长期执政这一关。当今世界谁掌握了互联网，谁就把握住了时代主动权，只有过好互联网这一关，才能为中国式现代化赋能增效、蓄势前行。

足迹

2015 年 12 月 16 日，习近平总书记在第二届世界互联网大会开幕式上指出：“现在，以互联网为代表的信息技术日新月异，引领了社会生产新变革，创造了人类生活新空间，拓展了国家治理新领域，极大提高了人类认识世界、改造世界的能力。互联网让世界变成了‘鸡犬之声相闻’的地球村，相隔万里的人们不再‘老死不相往来’。可以说，世界因互联网而更多彩，生活因互联网而更丰富。”在这次会议上，习近平总书记提出了“共同构建网络空间命运共同体”的主张。图为 2023 年世界互联网大会乌镇峰会场景。

互联网书写当代世界。随着数字化、信息化的发展，互联网以独特的魅力和强大的能力，全面融入社会生产生活，深刻改变着全球经济格局、利益格局和安全格局。在互联网的推动下，人工智能、大数据、云计算等前沿科技正逐步对传统产业进行重构，不断引领新兴产业在技术创新和商业模式创新等方面实现跨越式发展，为世界经济的持续发展注入新动力。当前，国内外形势仍在发生深刻复杂变化，而随着 Sora 这一“世界模拟器”的出现，信息环境、传播格局、舆论生态又将迎来一次新的革命性重构。在新闻传播领域，互联网正在催发一场前所未有的变革，数以亿计的用户通过互联网获取多元化信息内容。互联网在为社会带来巨大进步的同时，也在成为新闻舆论工作的最大变量，舆论环境严峻复杂，网络空间杂音噪音增多，带来了新的社会治理问题。

历史和现实反复证明，搞乱一个社会、颠覆一个政权，往往先从意识形态领域打开缺口，先从搞乱人们的思想入手。信息流通无国界，网络空间有硝烟。互联网日益成为网络意识形态斗争的主阵地、主战场、最前沿，搞不好会成为我们的“心头之患”。西方反华势力一直妄图利用互联网“扳倒中国”，多年前有西方政要就声称“有了互联网，对付中国就有了办法”，“社会主义国家投入西方怀抱，将从互联网开始”。在互联网这个战场上，我们能否顶得住、打得赢，直接关系我国意识形态安全和政权安全。我们必须敢抓敢管、敢于亮剑，着眼于团结和争取大多数，有理有利有节开展舆论斗争，帮助干部群众划清是非界限、澄清模糊认识，绝不让网络空间成为法外之地。

过好互联网这一关，首先要赢得青年。青年关乎党和国家的

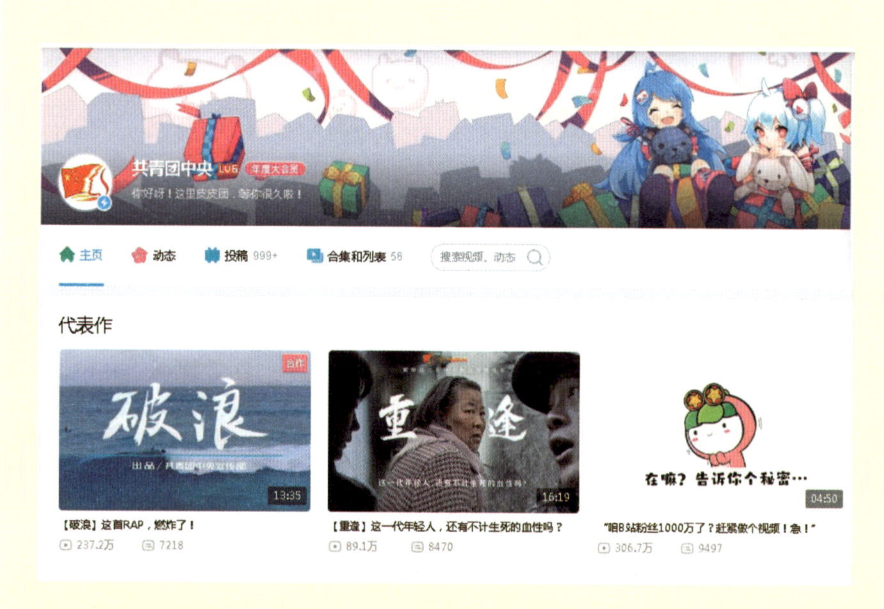

共青团中央在 B 站力推的现象级动画片《那年那兔那些事儿》就造了很多正能量的“梗”，比如“兔子”“种花家”“蘑菇蛋”“眼睛里进沙子”“我们的征途是星辰大海”等等，尤其是“兔子”已经成为网络空间爱国青少年群体互相辨识的文化符号。图为共青团中央在 B 站的账号主页。

未来，西方国家与我国争夺青年的斗争十分激烈。习近平总书记指出，新闻客户端和各类社交媒体成为很多干部群众特别是年轻人的第一信息源，而且每个人都可能成为信息源。《第 5 次全国未成年人互联网使用情况调查报告》显示，抖音、B 站等视频类平台已经超越电视，成为当前未成年人获取新闻事件、重大消息的主要渠道。截至 2023 年底，抖音月活用户数达到了 7.1 亿。这是什么概念？也就是说，我国有超一半的人口在用抖音，每两个人就有一个在用抖音。在年龄构成方面，20—30 岁的年轻人是抖音的主力军。作为中国最大的年轻人社区，B 站用户平均年龄保持在24岁左右，其中“Z世代”用户覆盖率达到65%，他们长期活跃在短视频平台。可以讲，青年人是网络世界中最活跃的人群，是网络文化的重要创作者，在为网络文化发展注入青春力量的同时，也形成了二次元、拍客、弹幕文化等多样的亚文化。人在哪里，新闻舆论阵地就在哪里，舆论斗争就应该在哪里加强。我们要从关乎党和国家长治久安的高度，重点加强对青年的网络管理，针对负面舆论给青年群体带来的负面影响，积极引导青年带头传递主流价值、弘扬正气新风，为营造安全稳定的网络环境贡献青春力量。

习近平总书记指出，正能量是总要求、管得住是硬道理、用得好是真本事。管好用好互联网，是新形势下掌控新闻舆论阵地的关键，重点要解决好谁来管、怎么管的问题。党管媒体，不能说只管党直接掌握的媒体。党管媒体是把各级各类媒体都置于党的领导之下，这个领导不是“隔靴搔痒式”领导，方式可以有区别，但绝不能让党管媒体的原则被架空。当前，一些所谓网络公知借助敏感事件，恶意攻击现行制度，指责抹黑党和政府，甚至煽动公众颠覆党的领导和国家政权。党管媒体、党管舆论，如同党管军队、党管枪杆子，是坚持党的领导不可动摇的基本原则，尤其在当前形势下只能加强、不能放松。掌控网络意识形态主导权，就是守护国家的主权和政权。各级党组织和党员干部要把维护网络意识形态安全作为守土尽责的重要使命，充分发挥制度体制优势，坚持管用防并举，方方面面齐动手，切实维护以政权安全、制度安全为核心的国家政治安全。

2. 主力军挺进主战场

2024 年 8 月，中国互联网络信息中心发布第 54 次《中国互联网络发展状况统计报告》。报告显示，截至 2024 年 6 月，我国网民规模近 11 亿人（10.9967 亿人），较 2023 年 12 月增长 742 万人，

2016 年 2 月 19 日，习近平总书记来到中央电视台，听取中央电视台板块业务、媒体融合等情况介绍，到总控中心观看电视传播能力建设视频展示，在《新闻联播》演播室、导控室向主持人和工作人员了解新闻制作导播流程，并亲自切换按钮体验模拟播出。习近平总书记指出：“中央电视台每天面对数亿观众，一定要紧跟时代、放眼全球，多设计一些融思想性、艺术性于一体的好栏目，多创办一些脍炙人口、寓教于乐的好节目。”图为中央电视台总控中心。

互联网普及率达 78.0%。对于新媒体，我们不能停留在管控上，必须参与进去、深入进去、运用起来。在互联网发展日新月异的今天，主流媒体发挥着“定海神针”的作用。我们必须适应信息技术迅猛发展的新形势，把互联网思维和信息技术应用贯穿到宣传思想文化工作中，实现全面彻底的数字化赋能、信息化转型，进一步推动传统媒体和新兴媒体深度融合，主力军全面挺进主战场，让党的声音传播得更开更广更深入，为强国复兴新征程提供更加有力的舆论支撑。

以内容供给侧结构性改革挺进主战场。习近平总书记指出，内容永远是根本，融合发展必须坚持内容为王，以内容优势赢得发展优势。网络时代众声喧哗，越是传播方式多样化，越要坚持内容为王；越是信息海量供给，越要增强“内容为王”的定力。要着力扩大主流媒体的供给优势，不断增强传播效能，加大优质新闻产品的供给力度，始终把精品生产作为媒体融合的第一要务，推出更多有温度、有深度、有情怀的产品，占领传播制高点。要增强用户意识，紧跟需求侧变化，推出更多适应多样化需求的高质量产品，抓牢用户、赢得人心。要强化价值引领，重视“质”与“道”，以群众感受传播核心价值，以用户体验构筑价值情境，以视觉效果传递价值力量，实

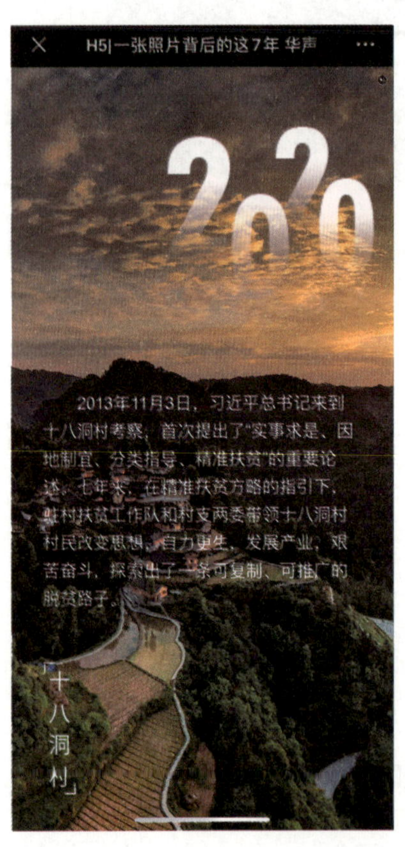

现媒体融合发展助力强信心、聚民心、暖人心、筑同心。2020 年 11 月 3 日，正值习近平总书记提出“精准扶贫”7 周年，一款 H5 互动作品《一张照片背后的这 7 年》走红网络。《一张照片背后的这 7 年》把新媒体技术的手段与传统讲故事的手法相结合，让用户在简单的互动中，了解习近平总书记关于精准扶贫的重要论述给整个中国扶贫事业带来的巨大指引作用。

以技术赋能“四全”媒体建设挺进主战场。习近平总书记强调，全媒体不断发展，出现了全程媒体、全息媒体、全员媒体、全效媒体，信息无处不在、无所不及、无人不用。建设“四全”媒体，技术创新是驱动力。要抢抓技术红利，充分运用 5G、移动互联网、物联网、人工智能等新技术，因势而谋、应势而动、顺势而为，让技术之光照亮媒体融合发展之路，不断推动媒体自我革命，激发更大生产力。要夯实技术支撑，瞄准新技术新趋势进行重点布局、全局重塑，努力打造大数据信息资源平台、智能生产和传播平台、用户沉淀平台，切实提升新闻信息的加工速度和传播时效。要主攻技术连接，借力技术手段打造多介质、多元化的平台渠道，建好“中央厨房”，真正实现多屏合一、一体辐射的即时互动，释放资源通融、内容兼融、宣传互融、利益共融的媒体融合“红利”。当前，生成式人工智能是最具革命性、引领性的科学技术之一，要尽快完善

生成式人工智能

生成式人工智能（Generative artificial intelligence）是人工智能的一个分支，是基于算法、模型、规则生成文本、图片、声音、视频、代码等内容的技术。这种技术能够针对用户需求，依托事先训练好的多模态基础大模型等，利用用户输入的相关资料，生成具有一定逻辑性和连贯性的内容。与传统人工智能不同，生成式人工智能不仅能够对输入数据进行处理，更能学习和模拟事物内在规律，自主创造出新的内容。

生成式人工智能发展和管理机制，推动这一重要领域的产业发展、技术进步与安全保障，做到趋利避害、安全使用。

以全媒体传播体系建设挺进主战场。体制机制立，则纲举目张。实践证明，只有断臂求生、握指成拳，推动组织再造、架构重整、转型升级，才能“加”出互补、“融”出合力，让轻装上阵的主力军进入主战场。要盯住全媒体传播体系建设这个目标，推动主流媒体系统性变革，以体制机制创新为媒体深度融合增添强劲动力，以富有效率、充满活力的体制机制保证媒体融合发展行稳致远。着力抓流程再造强运力，坚持内外并举，向外构建彰显平台型媒体特点的新机制，在资源整合、社会动员、应急管理上发挥更大作用，充分发挥全程媒体的新功能；向内构建适应融为一体要求的新机制，建立从内容运营到产品体验再到用户反馈的实时管控“链条”。

以锻造全媒型人才挺进主战场。习近平总书记指出，要提高业务能力，勤学习、多锻炼，努力成为全媒型、专家型人才。越是重要的工作、艰巨的任务，越需要素质过硬的队伍。媒体融合好的地方一定是人才的高地，应“把好钢用在刀刃上”，充分发

全球首个 AI 合成男主播
“新小浩”

全球首个 AI 合成女主播
“新小萌”

挥人才的最大效用，努力做到人尽其才、才尽其用、用当其时。要大力加强人才队伍建设，不断增强“四力”，打造政治过硬、本领高强、求实创新、能打胜仗的主力军，既要精通“十八般武艺”，更要练好“几把刷子”，成为善用现代传播手段的行家里手。着力创新聚才用才机制，加大人才激励力度，改进用人体制、优化人才环境，采取更科学、更合理的考核评价体系、职级晋升制度、薪酬分配办法，吸引凝聚全媒体内容生产、融媒体技术研发、跨媒体经营等方面的高端人才，推动各类人才竞相喷涌、各展其长。

3. 构建网上网下同心圆

互联网是一个社会信息大平台，亿万网民在上面获得信息、交流信息，这会对他们的求知途径、思维方式、价值观念产生重要影响，特别是会对其关于国家、社会、工作、人生的看法产生重要影响。习近平总书记指出，构建网上网下同心圆，更好凝聚社会共识，巩固全党全国人民团结奋斗的共同思想基础。我们必须做好凝聚共识的工作，把牢主阵地、高扬主旋律、唱响主基调，为强国建设、民族复兴伟业营造良好舆论氛围。

2024 年 7 月，党的二十届三中全会审议通过了《中共中央关于进一步全面深化改革、推进中国式现代化的决定》，其中，针对网络综合治理体系提出，“深化网络管理体制改革，整合网络内容建设和管理职能，推进新闻宣传和网络舆论一体化管理。完善生成式人工智能发展和管理机制。加强网络空间法治建设，健全网络生态治理长效机制，健全未成年人网络保护工作体系。”

着力加强正面宣传。习近平总书记指出，团结稳定鼓劲、正面宣传为主，是党的新闻舆论工作必须遵循的基本方针。正面宣传强化的是正能量、强化的是显政，是让群众更多知道党和政府正在做什么、还要做什么，更好聚民心、强信心、暖人心、筑同心。要旗帜鲜明坚持正确政治方向、舆论导向、价值取向，用党的创新理论凝聚亿万网民。坚持推进网上宣传理念、内容、形式、方法、手段等创新，用网民喜闻乐见的方式，宣传主流价值，努力打造

足迹

2021年11月19日，习近平总书记在致首届中国网络文明大会的贺信中指出："网络文明是新形势下社会文明的重要内容，是建设网络强国的重要领域。近年来，我国积极推进互联网内容建设，弘扬新风正气，深化网络生态治理，网络文明建设取得明显成效。要坚持发展和治理相统一、网上和网下相融合，广泛汇聚向上向善力量。"图为首届中国网络文明大会会场。

出更多带着露珠、沾着泥土、叫好又叫座的新闻作品，以正面声音唱响网上主旋律，用“大流量”澎湃“正能量”。党的二十届三中全会召开前后，人民日报从推动高质量发展、培育和发展新质生产力等角度，选取相关案例，推出系列视频访谈报道。新华网推出“‘新’潮澎湃看中国”调研访谈。从央媒到地方媒体同步推出了“锚定现代化　改革再深化”专题专栏，形成宣传的合力，唱响了进一步全面深化改革的最强音。

着力有效引导舆情。在未知大于已知的互联网时代，各方面舆情信息错综复杂。在传播学的理论框架内，有个“首发效应”现象，强调首发信息对受众产生的“第一印象”具有极强的先入为主性质，这一印象一旦形成，后续要改变或调整该印象将会面临较大的困难。这就需要我们整合网络内容建设和管理职能，推进新闻宣传和网络舆论一体化管理。要坚持第一时间原则，把握时度效，增强舆论引导的精准性、主动性、有效性。舆情引导贵在早、贵在快，要完善快速反应机制，有针对性地回应社会关切，先声夺人、赢得主动。要因事制宜、因时制宜，精准研判舆情，恰如其分掌握舆论引导的密度和尺度，做到准确、精当，说服力、感染力突出。积极围绕治国理政的战略问题、广大群众关注的现实问题、国内外发生的热点问题，找准思想认识的共同点、情感交流的共鸣点、利益关系的交汇点、化解矛盾的切入点，引导人民群众分清对错、善恶、美丑，看清本质、主流、趋势，始终保持理性平和、昂扬奋发的心态。

着力培育积极健康、向上向善的网络文化。建设好网络文化精神家园，是满足人民群众日益增长的美好生活需要的必然要求，是维护意识形态安全的关键一环，是对社会负责、对人民负责的具体体现。网络空间乌烟瘴气、生态恶化，不符合人民利益。谁都不愿意生活在一个充斥着虚假、欺骗、攻击、谩骂、恐怖、暴力的空间。要正本清源做好网络文化工作，用社会主义核心价值观滋养人心、滋养社会，涵育网络文明。要立足中华优秀传统文化、革命文化和社会主义先进文化，充分发挥互联网传播平台优势，讲好文化中国的生动故事，让铭刻于青铜器、誊录于丝帛、书写于简牍、印刷于纸张上的文明，通过网络穿越厚重的历史，一一呈现在我们的眼前，不断提升中华文化影响力，推动网络文化繁荣发展。

着力营造清朗的网络空间。网络空间不是法外之地。网络空间是虚拟的，但运用网络空间的主体是现实的。要健全网络综合治理体系，坚持依法治网、依法办网、依法上网，加强网络空间法治建设，健全网络生态治理长效机制，健全未成年人网络保护工作体系，让互联网在法治轨道上健康运行。要深化网络管理体制改革，完善生成式人工智能发展和管理机制，引导互联网企业压实主体责任，既讲经济效益，更讲社会效益，决不能让互联网成为传播有害信息、造谣生事的平台。要加强互联网行业自律，善用面广量大的自媒体，调动网民积极性，动员各方面力量参与治理。网络安全为人民，网络安全靠人民，网络治理人人有责。我们每个人都要行动起来，筑牢网络安全防线，确保网络始终正气充盈、正能量满满，共同营造清朗、健康的网络空间。

E起学习

1. 习近平：《在网络安全和信息化工作座谈会上的讲话》，《人民日报》2016 年 4 月 26 日。
2. 习近平：《在第二届世界互联网大会开幕式上的讲话》，《人民日报》2015 年 12 月 17 日。
3. 习近平：《加快推动媒体融合发展　构建全媒体传播格局》，《求是》2019 年第 6 期。

九

坚持以人民为中心的工作导向

人民是历史的创造者，人民是真正的英雄。波澜壮阔的中华民族发展史是中国人民书写的！博大精深的中华文明是中国人民创造的！历久弥新的中华民族精神是中国人民培育的！中华民族迎来了从站起来、富起来到强起来的伟大飞跃是中国人民奋斗出来的！

——2018 年 3 月 20 日，习近平总书记在第十三届全国人民代表大会第一次会议上的讲话

“您当选中国国家主席的时候，是一种什么样的心情？”“作为世界上如此重要国家的一位领袖，您是怎么想的？”2019 年 3 月 22 日，面对意大利众议长菲科的发问，习近平主席掷地有声地回答，这么大一个国家，责任非常重、工作非常艰巨。我将无我，不负人民。我愿意做到一个“无我”的状态，为中国的发展奉献自己。习近平主席讲的“无我”是忘我，是为了人民随时牺牲一切，全心全意为人民服务的宝贵精神，表达了对人民的深厚情怀。

坚持人民至上是贯穿习近平新时代中国特色社会主义思想的一条红线，以人民为中心是我们做好文化工作的逻辑起点、价值支点和最终落脚点。来自人民、为了人民、造福人民是文化繁荣发展的主旋律。我们要始终尊重人民主体地位，聚焦人民实践创造，让宣传思想文化工作在服务人民中焕发新气象、绽放新作为。

1. 牢记“为了谁、依靠谁、我是谁”

早在 1942 年，毛泽东在延安文艺座谈会上明确提出了“文艺为人民大众”的思想，并强调“为什么人”的问题是一个根本的问题、原则的问题。70 多年后，习近平总书记在文艺工作座谈会上指出，社会主义文艺，从本质上讲，就是人民的文艺。时代虽不同，但文化工作的价值导向一脉相承、分外鲜明。坚持以人民为中心的工作导向，体现了我们党领导和推动文化建设的根本政治立场和鲜明价值导向，深刻回答了“为了谁、依靠谁、我是谁”的根本问题。弄清“为了谁”，才能找准文化方向；弄清“依靠谁”，才能凝聚文化力量；弄清“我是谁”，才能站稳文化立场。

“为了谁”，满足人民精神文化需求。“为了谁”是判断马克思主义政党的试金石。为谁创作、为谁立言，是文化文艺工作的着眼点和着力点。在论及文艺工作时，习近平总书记指出，要坚持为人民服务、为社会主义服务这个根本方向。以人民为中心，就是要把满足人民精神文化需求作为文艺和文艺工作的出发点和落脚点。文化工作都是人的工作，本质上都是为了实现好、维护好、发展好最广大人民的根本利益。1936 年，毛泽东在同斯诺的谈话中一针见血地指出：中国古典小说里面的主人公都是“武将、文官、书生，从来没有一个农民”，“许多的旧戏却把劳动人民表现成小丑”，“劳动人民不过是跑龙套的”。我们党的百年奋斗就是要改变这种局面，始终把人民利益、人民意志和人民心声作为文化建设的根本遵循。

习近平文化思想深刻回答了“为什么人”的问题，彰显了党

足迹

2021 年 12 月 14 日，习近平总书记在中国文学艺术界联合会第十一次全国代表大会、中国作家协会第十次全国代表大会开幕式上的讲话中指出："源于人民、为了人民、属于人民，是社会主义文艺的根本立场，也是社会主义文艺繁荣发展的动力所在。……广大文艺工作者要坚持以人民为中心的创作导向，创作更多满足人民文化需求和增强人民精神力量的优秀作品，让文艺的百花园永远为人民绽放。"图为中国文学艺术界联合会第十一次全国代表大会、中国作家协会第十次全国代表大会会场。

的性质宗旨和初心使命。党的十八大以来，以习近平同志为核心的党中央，把文化建设、文艺工作摆在党和国家事业重要位置，深入总结新时代文化文艺工作面临的新实践、新要求，深刻回答事关社会主义文化事业发展的方向性、根本性、战略性重大问题，紧紧围绕让人民享有更加充实、更为丰富、更高质量的精神文化生活的目标，深入推动社会主义文化繁荣发展。今日之中国，人民的信仰更加坚定，人民的精神力量更加充沛，人民的文化获得感更加充实。

“依靠谁”，尊重人民主体地位。人民，只有人民，才是创造世界历史的动力。习近平总书记深刻指出：“人民既是历史的创造者、也是历史的见证者，既是历史的‘剧中人’、也是历史的‘剧作者’。”人民群众是文化繁荣发展的力量源泉。“文艺创作方法有一百条、一千条，但最根本、最关键、最牢靠的办法是扎根人民、扎根生活”。“要深深懂得人民是历史创造者的道理，深入群众、深入生活，诚心诚意做人民的小学生”……习近平总书记对在文化建设中坚持人民主体地位有着深邃思考。“问渠那得清如许？为有源头活水来”。亿万人民的伟大奋斗、丰富多彩的社会生活，是社会主义文化事业繁荣发展的沃土。

党的十八大以来，我们牢固树立依靠人民群众的观点，尊重亿万人民群众的主体地位和首创精神，为人民群众成为社会主义文化建设主力军开辟渠道、搭建平台、创造条件，让最广大的人民群众的活力创造力充分展示、竞相迸发。今日之中国，迈上全面建设社会主义现代化国家新征程，14亿多人民进行着新的实践、演绎着新的生活、创造着新的奇迹，打造出了更多与时代同步、与人民同心的文化精品，开辟出了文化繁荣发展的广阔空间，开创了文化建设从“高原”向“高峰”迈进的崭新局面。

“我是谁”，始终站稳人民立场。只有头脑里搞清楚“我是谁”，才能摆正自己、看清方向，始终为了人民开展文化创新创造。人民作家柳青始终牢记“我是人民中的一员”，为了深入农民生

柳青《创业史》

活，同人民群众打成一片，他辞去了县里的领导职务，定居在陕西关中的农村，蹲点 14 年，在对农民生活有深入了解的基础上，集中精力创作出文学巨著《创业史》。实践充分证明，只有心中装着老百姓，高兴着人民的高兴、欢乐着人民的欢乐、忧伤着人民的忧伤，才能走进人民心中，走进文化创新创造的广阔天地。

念奴娇·追思焦裕禄

中夜，读《人民呼唤焦裕禄》一文，是时霁月如银，文思萦系……

魂飞万里，盼归来，此水此山此地。百姓谁不爱好官？把泪焦桐成雨。生也沙丘，死也沙丘，父老生死系。暮雪朝霜，毋改英雄意气！

依然月明如昔，思君夜夜，肝胆长如洗。路漫漫其修远矣，两袖清风来去。为官一任，造福一方，遂了平生意。绿我涓滴，会它千顷澄碧。

《念奴娇·追思焦裕禄》是时任福州市委书记习近平于 1990 年 7 月 15 日所作的一首词，最先发表在 1990 年 7 月 16 日的《福州晚报》上。全词深深表达了习近平同志对焦裕禄的崇敬之情，以及习近平同志亲民爱民，与大地山川、人民百姓相依为命的高尚情操，关心国家前途命运的赤子情怀。2014 年 3 月，习近平总书记在河南兰考县考察期间，有感于焦裕禄为人民服务之精神，重诵此词。

坚持人民至上，回答好“我是谁”，就要坚持党性与人民性的统一。习近平总书记指出，党性和人民性从来都是一致的、统一的。坚持党性原则，必须加深对党性和人民性关系的认识。只有把党性和人民性结合好、统筹好，宣传思想文化工作才能够让党放心、让人民满意。新时代新文化就是党性与人民性相统一的文化创造，就是把文化发展的宏大事业变成人民群众的自觉行动，就是把人民群众生动的创新经验和智慧反映出来，持续丰富人民精神世界，满足人民精神需求，提高人民精神文化生活水平。

2. 激发人民群众文化的活力创造力

习近平总书记强调：“充分激发全民族文化创新创造活力”，文化的生命力源于创新创造。据统计，2023 年全国“村晚”示范展示活动举办 2 万余场、参与人次约 1.3 亿，目前我国登记在册的群众文艺团队超过 46 万个……新时代以来，人民群众正在文化建设中登舞台、唱主角。

让改革创新进一步激发文化活力。改革创新是中国特色社会主义文化发展道路最鲜明特色，改革开放的生动实践成为文化领域改革创新的源泉。习近平文化思想坚持守正创新，拨开了笼罩在宣传思想文化工作上的迷雾阴云，极大地调动了广大文化工作者的积极性主动性创造性，书写了中国人精神世界的新篇章，文化内容和形式的创新在中国大地上层出不穷、蔚然成风。亿万人民参与改革的一往无前的进取精神和波澜壮阔的创新实践，为文化的繁荣兴盛提供了取之不尽的生活源泉，使文化工作者的想象力与创造力前所未有地迸发，为我国的文化事业迎来了一个百花争艳、欣欣向荣的春天。

党的二十届三中全会将深化文化体制机制改革作为进一步全面深化改革的一个重要方面作出部署。改革是文艺繁荣、文化发展的动力所在。向改革要动力，就要把激发创新创造活力作为深化文化体制机制改革的中心环节，紧紧抓住解决文化领域发展不平衡不充分问题，加快完善文化管理体制和生产经营机制，持续扩大优质文化产品供给，以文化创意、科技创新、产业融合催生新发展动能，把社会效益放在首位，推动公共文化服务标准化、均等化，推进城乡公共文化服务体系一体建设，让文化发展成果更多更公平惠及全体人民。文化创造离不开生动活泼氛围的营造。要充分尊重文化工作者的创作个性和创造性劳动，政治上充分信任，创作上热情支持，营造有利于鼓励创新、体现宽容的文化创造的良好环境，让一切创造的源泉充分涌流。

让文化插上科技的“翅膀”。新时代，科技对文化创新的驱动作用越来越强，为人民生活提供了新平台、新渠道，也为文化繁荣发展创造了新载体、新机遇。我们要探索文化和科技融合的

根据故宫博物院藏品、北宋画家王希孟唯一传世作品《千里江山图》创作的舞蹈诗剧《只此青绿》，打破舞台常规的线性叙事手法，采用时空交错式的叙事结构，讲述一位故宫研究员（展卷人）穿越到千年前《千里江山图》即将完成之时的故事。

有效机制，运用科技手段不断丰富文化发展的内容和形式，实现文化建设数字化赋能、信息化转型，更好满足人民群众多层次多样化的文化需求，不断形成新的文化产品形态，真正把文化资源优势转化为文化发展优势。近年来，故宫博物院用数字图像复活《清明上河图》，将静态的绘画转化为动态的影像，将《清明上河图》打造成可沉浸体验、可传播分享的新型艺术展演，让游客变为画中人，走入汴京的众生百态，因而成为人民群众的“网红”打卡地。放眼大江南北，借力新技术新方式新理念，打破文化传播的时空限制，收藏在博物馆里的文物、书写在古籍里的文字“活”起来了。舞蹈诗剧《只此青绿》一经亮相，迅速“破圈”；电视节目《中国诗词大会》《典籍里的中国》自推出后，屡登“热搜”。传统文化不断焕发蓬勃生机，优质文化资源惠及更多人群，滋养人民

《中国诗词大会》自2016年创办以来，以广泛的参与性、浓郁的文化性和鲜明的时代性，成功将前人的审美境界、文化品格与当下生活方式、思想理念相互映照，带动无数观众重温古诗词，感受诗词之趣，品味诗词之美。《2024中国诗词大会》的播出再次以诗词为载体，在现代社会里为中华优秀传统文化找到一块传承、转化的新土壤。

现代美好新生活。

让基层活力充分释放。近年来，“村超”“村BA”持续走红、圈粉无数。“村超”“村BA”诞生在乡村、根基在乡村，“挑大梁”的、“当主力”的、“唱主角”的都是当地村民，不仅仅是一场基层的体育赛事，更是一场人民的文化盛宴。基层的生产生活蕴含着文化创造的丰富素材。要充分激发人民群众文化创造热情，为人民群众文化创新创造搭舞台、建阵地，把人民群众的文化智慧激发出来、文化潜能释放出来，真正实现人民文化为人民、人民文化人民建、人民文化人民享。

必须高度重视民间文化创意。人民群众是文化的创造者和传

足迹

2001年4月19日，时任福建省省长的习近平同志深入德化县调研，为陶瓷业发展指明方向："要紧紧抓住陶瓷这一支柱产业，结构调整要围绕特色来优化，并不断向工艺县发展。"不仅如此，习近平同志还对瓷文化寄予厚望。他详细了解陶瓷烧制工艺流程及陶瓷成分材料，对每件作品的创意构想、表现形式都饶有兴趣地谈论，还提出了殷切期望：精美的瓷器做出来、摆出来，还要传出去。图为德化"世界瓷都"船形雕塑。

承者。从古至今，无数来自民间的智慧和创造力孕育了丰富多彩的文化形式。从古老的民间故事、传统手工艺，到现代的网络文学、草根艺术，人民群众的文化创造力充分奔涌，源源不断地为文化的发展注入新的活力。应重视民间文化创意，把政府、企业、个体等各个层面的力量整合起来，做好民间文化资源的创意整合。建立文化创新传承机制，让民间文化拥有更多的传承载体、传播渠道和传习人，催生文化供给的新群体、新组织、新模式，促进民间文化的文旅、文创、文博产业发展，为新时代高品质文化供给提供重要力量。

3. 提供更丰富更有营养的“精神食粮”

相对于物质满足，文化是一种精神力量，是一种诉诸长远、诉诸千秋万代的视野与情怀。越是物质富足，人们的精神文化需求越是强烈。而且，随着人们文化素质、文化水准提高，人们对文化作品质量的要求更高了。这些年，各种文化产品和服务供给数量高速增长，文化供给的主要矛盾已由“够不够”转向“好不好”。这就要求我们进一步全面深化改革，加快建立有利于优质文化产品服务不断涌现的体制机制，更好丰富人民精神世界、增强人民精神力量。

人民群众改善生活品质、走向共同富裕的新期待，对文化建设提出新的更高要求。习近平总书记指出：“衡量文化产业发展质量和水平，最重要的不是看经济效益，而是看能不能提供更多既能满足人民文化需求、又能增强人民精神力量的文化产品。”要将实现人民对美好生活的向往作为文化强国建设的出发点和落脚点，紧紧围绕让人民享有更加充实、更为丰富、更高质量的精神文化生活的目标，深入推动社会主义文化繁荣发展。

把社会效益放在首位。在市场经济条件下，文化兼具教育引导和娱乐消费的双重功能，这就决定了文化产品和服务具有意识形态和商品的双重属性。习近平总书记明确指出“文艺不能当市场的奴隶”，振聋发聩、发人深省。坚持把社会效益放在首位，是我们担负新时代的文化使命的价值追求。繁荣发展中国特色社会主义文化，不能套用西方人的情趣来剪裁中国人的审美，不能用简单的商业标准取代艺术标准，不能把文化作品简单等同于普通商品。要自觉抵制那些粗糙、低俗的文化产品，推出更多思想精深、艺术精湛、制作精良的精品力作，使文化真正经得起时代长河的考验。

习近平总书记指出，一部好的作品，应该是经得起人民评价、专家评价、市场检验的作品，应该是把社会效益放在首位，同时也应该是社会效益和经济效益相统一的作品。优秀的文化作品，要坚守正确的审美理想、保持作品的独立价值，合理设置反映市场接受程度的发行量、收视率、点击率、票房收入等量化指标，既不能忽视和否定这些指标，又不能把这些指标绝对化，被市场牵着鼻子走。近年来，电影《战狼》《流浪地球》《湄公河行动》

《中国机长》等、电视剧《人世间》《繁花》等，表现了不同年代、不同地区中国的山河巨变和人民的不懈奋斗，塑造了生动鲜活的人民形象，引发无数观众共鸣。任何时候，高质量的文化供给都是叫好又叫座的“拳头产品”，温润心灵、启迪心智，在市场的大潮中，传得开、留得下，为人民群众所喜爱。

党的二十届三中全会鲜明指出，健全文化产业体系和市场体系，完善文化经济政策。探索文化和科技融合的有效机制，加快发展新型文化业态。放眼神州大地，文化产业正成为国民经济支柱性产业。其中，国有文化企业深化改革，文化生产力和创造力不断释放。非公有制文化企业成为我国文化产业的一支重要力量，在 2024 年全国文化企业 30 强评选中，北京快手科技有限公司、北京爱奇艺科技有限公司等民营企业榜上有名。文化产业增加值在国民经济中的占比逐年提高，数字文化产业等新业态带动作用进一步增强，国内外影响力持续攀升。数据显示，2023 年，全国规模以上文化及相关产业企业实现营业收入 129515 亿元，比上年增长 8.2%，正生动书写着社会效益和经济效益相得益彰的“文化大剧”。

有“高原”也有“高峰”。沉实厚重、丰富多彩的文化产品，是一个时代文化高度的重要标志，也是满足人民精神文化生活的关键所在。如何生产出更多更好的文化精品，从“高原”迈向“高峰”，是文化发展的时代之问、人民之问。在中国文化高原上积土累进，形成中国精神的高峰，是创造属于我们这个时代的新文化的努力方向。要坚持出成果和出人才相结合，尊重文艺人才，尊重文艺创造，形成文艺精品和文艺人才不断涌现的良好局面；坚持抓作品和抓环境相贯通，积极营造健康的文化生态、活跃的文化环境，充分发扬学术民主、文艺民主，形成文艺精品和文化环境相互生成的生动情景。要围绕提高文化原创能力，改进文艺创作生产服务、引导、组织工作机制，引导广大作家、艺术家立足生活的深厚沃土，自觉运用中华优秀传统文化的宝贵资源，学习借鉴人类一切优秀文明成果，充分发挥个性与创造力，孕育催生一批深入人心的时代经典，推出更多熔铸古今、汇通中西的文化成果，构筑中华文化的新高峰。

我们的文化应该有筋骨、有道德、有温度，彰显信仰之美、崇高之美、人文之美，产生令人喜悦和感动的伟大与庄严，闪烁出净化心灵、烛照前行的光辉；应该追求思想精深、艺术精湛、制作精良，举思想旗帜、扬美育风尚、展传播劲道，实现思想内容和艺术表达上的有机统一，实现阳春白雪和下里巴人的美美与共；应该不拘于一格，不形于一态，不定于一尊，增强文化原创能力，大力推动观念、内容、形式、手段创新，推出更多具有自主知识产权、具有核心竞争力、具有民族特色的文化产品和文化品牌，让人民群众在文化的百花园中享受"百步之内必有芳草"的文化福祉。就以路遥为例，他从 1975 年开始创作《平凡的世界》，到 1988 年 5 月历经艰辛成稿。为了写这部现实主义长篇小说，他

位于延安大学杨家岭校区文汇山上的路遥墓前竖立着路遥的白玉石头像，目光望着前方。在后方的石壁上，镶嵌着一尊孺子牛，并写着路遥的名言："像牛一样劳动，像土地一样奉献。"

去黄土高原上四处走访，常常睡在农村的饲养室、渡口的茅草棚。他潜心阅读了大量政治、经济、历史、宗教、文化以及农业、工业、科技、商业等方面的书刊，挖掘人民生活中鲜活感人的真实故事，才写出了这部扛鼎之作、传世之作、不朽之作。

公共文化服务既要提质也要增效。文化建设着眼于人、落脚于人。必须始终着眼满足人民群众丰富多样的精神文化需求，提升文化服务和文化产品供给能力。党的二十届三中全会指出，完善公共文化服务体系，建立优质文化资源直达基层机制，健全社会力量参与公共文化服务机制。构建现代公共文化服务体系，是保障人民群众基本文化权益的重要制度设计。放眼全国，湖南的“门前十小”、北京的“27 院儿”、成都的“留灯书房”……一大批新型公共文化空间正成为百姓身边的“文化客厅”，目前已超过 3.35 万个。综观当下流行的“国潮风”“非遗热”“文博热”“文创潮”“考古热”等，文化惠民、文化悦民、文化富民在新

北京“27 院儿”（内务部街 27 号院）内正在进行诗歌音乐会活动

成都 24 小时“留灯书屋”为市民提供了一个全天候、触手可及的阅读空间

足迹

2007年3月至10月，习近平同志任上海市委书记期间，心系人民，倾心倾力关注和解决民生问题。他抓了举办特奥会和女足世界杯、筹备世博会等重大活动，以文化发展实绩获得干部群众的高度认可和衷心拥护。图为世博会中国馆。

时代文化繁荣发展中不断实现，公共文化服务水平不断提高，人民群众精神文化生活更加丰富多彩，文化获得感、幸福感不断增强。如今，文化惠民之风尽吹神州大地，人民享有更加充实、更为丰富、更高质量的精神文化生活。

截至2023年底，全国已建成公共图书馆超3300个，文化馆和博物馆超1万家；所有公共图书馆、文化馆、美术馆、综合文化站和90%以上的博物馆免费开放……一系列“硬核”数据，彰显了我国公共文化服务覆盖面的不断扩大，彰显了我国文化“软实力”的提升，彰显了文化建设以人民为中心的价值旨归。中国特色社会主义进入新时代，文化供给的主要矛盾从“有没有”转向“好不好”。习近平总书记指出：“要推动公共文化服务标准化、均等化，坚持政府主导、社会参与、重心下移、共建共享，完善公共文化服务体系，提高基本公共文化服务的覆盖面和适用性。”新征程上，要以高质量发展为主线，完善文化产业规划和政策，培育新型文化业态和文化消费模式，扩大优质文化产品和服务供给。着力创新文化惠民工程，按照供需对接、精准惠民的要求，多下“绣花功夫”，建立健全人民精神文化需求动态反馈机制，引导优质文化资源和优质文化服务更多地向农村倾斜、向特殊群体倾斜，打造文化资源共建共享体系，促进人民精神生活共同富裕，让越来越多的人共享文化发展成果。

E起学习

❶ 习近平：《在文艺工作座谈会上的讲话》，《人民日报》2015 年 10 月 15 日。

❷ 习近平：《在第十三届全国人民代表大会第一次会议上的讲话》，《求是》2020 年第 10 期。

❸ 习近平：《在中国文联十一大、中国作协十大开幕式上的讲话》，《人民日报》2021 年 12 月 15 日。

十

保护好传承好利用好历史文化遗产

文物和文化遗产承载着中华民族的基因和血脉，是不可再生、不可替代的中华优秀文明资源。我们要积极推进文物保护利用和文化遗产保护传承，挖掘文物和文化遗产的多重价值，传播更多承载中华文化、中国精神的价值符号和文化产品。

中国共产党人不是历史虚无主义者、文化虚无主义者，不能数典忘祖、妄自菲薄。各级领导干部都要敬畏历史、敬畏优秀传统文化，重视文物保护利用和文化遗产保护传承工作，为历史和考古工作者开展研究、学习深造、研修交流提供更多政策支持。要营造传承中华文明的浓厚社会氛围，广泛宣传中华文明探源工程等研究成果，教育引导群众特别是青少年更好认识和认同中华文明，增强做中国人的志气、骨气、底气。

——2022 年 5 月 27 日，习近平总书记在十九届中共中央政治局第三十九次集体学习时的讲话在华夏大地上，殷墟遗址、良渚遗址、敦煌莫高窟、巍巍长城、长江黄河、苏州园林、布达拉宫……五千多年悠久的历史赋予了我们这个民族博大而丰富的文化遗产，蕴藏着中国人民的智慧和创造，彰显着中华民族的精神血脉。

习近平总书记多次强调，“要把历史文化遗产保护放在第一位”，“把老祖宗留下的文化遗产精心守护好，让历史文脉更好地传承下去”。担负新时代的文化使命，我们要积极推进历史文化遗产的保护、传承和利用，挖掘历史文化遗产的多重价值，传播更多承载中华文化、中国精神的价值符号和文化产品，在赓续历史文脉中铸就中华文化新辉煌。

1. 不可再生不可替代的宝贵资源

历史文化遗产既是文明的源头、智慧的结晶，指引着我们未来发展的方向，又是不可再生、不可替代的中华优秀文明资源。保护历史文化遗产是一个国家礼敬历史、敬畏文化、创造文明的最有力表达。

足迹

2022 年 1 月 27 日，习近平总书记在晋中市平遥古城考察调研时指出："历史文化遗产承载着中华民族的基因和血脉，不仅属于我们这一代人，也属于子孙万代。要敬畏历史、敬畏文化、敬畏生态，全面保护好历史文化遗产，统筹好旅游发展、特色经营、古城保护，筑牢文物安全底线，守护好前人留给我们的宝贵财富。"图为平遥古城。

中华文明探源工程

全称是“中华文明起源与早期发展综合研究”，是一项由国家支持的多学科结合研究中国古代历史与文化的重大科研项目，由中国社科院考古研究所、北京大学考古文博学院牵头，联合近70家科研院所、高等院校和地方考古研究机构共同参与，致力于揭开中华文明源头的神秘面纱，书写华夏儿女共同的“家谱”。

文明之源。历史文化遗产记录着中华文明的源起和走向，铭刻着“我们从哪里来，我们到哪里去”的基因密码。中华文明探源工程、“考古中国”重大项目等系列工程的实施，以丰富的考古资料实证了中华大地百万年的人类史、一万年的文化史、五千多年的文明史，使中国人和全世界对中华文明起源、形成、发展的历史脉络，对中华文明多元一体格局的前世今生，对中华文明的颜值和气质，都有了较为清晰的认识。目前，我国共有世界自然和文化遗产59项，数量位居世界前列。它们星罗棋布般散落在中华大地上，熠熠生辉，凝结着丰富的历史、艺术、科学价值，是不可再生、不可替代的宝贵资源。

文明之性。文物承载灿烂文明，传承历史文化，维系民族精神。习近平总书记在文化传承发展座谈会上，深刻阐明了中华文明具有的连续性、创新性、统一性、包容性、和平性等五个突出特性。中华文明的这些突出特性在历史文化遗产中得以承载和体现。从良渚、陶寺、花山岩画、殷墟等大型遗址遗迹实证文明起源绵延，到76万余处不可移动文物、1亿余件（套）国有可移动文物，见证着中华民族绵延悠长的发展演进，体现了中华文明突出的连续性；从高温控制技术、青铜器陶范铸造技术、铁器生产技术等发明创造中所体现的技术创新，到万里长城、京杭大运河、都江堰等工程中所蕴含的古人智慧，体现了中华文明突出的创新性；从开平碉楼与古村落、丽江古城、福建土楼、元上都遗址、

我国已成功申报的59项世界遗产一览

文化遗产（40 项）				
明清故宫（北京故宫、沈阳故宫）	长城	北京皇家园林－颐和园	北京皇家祭坛－天坛	明清皇家陵寝
周口店北京人遗址	大运河	登封“天地之中”历史建筑群	殷墟	澳门历史城区
拉萨布达拉宫历史建筑群（含罗布林卡和大昭寺）	承德避暑山庄及其周围寺庙	大足石刻	福建土楼	高句丽王城、王陵及贵族墓葬
鼓浪屿：历史国际社区	杭州西湖文化景观	红河哈尼梯田文化景观	开平碉楼与村落	丽江古城
龙门石窟	庐山国家公园	莫高窟	平遥古城	秦始皇陵及兵马俑
青城山－都江堰	曲阜孔庙、孔林和孔府	丝绸之路：长安－天山廊道的路网	苏州古典园林	土司遗址
皖南古村落－西递、宏村	五台山	武当山古建筑群	元上都遗址	云冈石窟
左江花山岩画文化景观	良渚古城遗址	泉州：宋元中国的世界海洋商贸中心	普洱景迈山古茶林文化景观	北京中轴线——中国理想都城秩序的杰作
自然遗产（15 项）				
黄龙风景名胜区	九寨沟风景名胜区	武陵源风景名胜区	云南三江并流保护区	四川大熊猫栖息地
三清山国家公园	中国丹霞	澄江化石遗址	新疆天山	中国南方喀斯特
湖北神农架	青海可可西里	梵净山	黄（渤）海候鸟栖息地（第一期、第二期）	巴丹吉林沙漠—沙山湖泊群
自然与文化双遗产（4 项）				
黄山	泰山	峨眉山－乐山大佛	武夷山	

湖北恩施唐崖土司城遗址、红河哈尼梯田文化景观到古蜀文明与中原文明相互影响的三星堆遗址再到恢宏壮观的秦始皇陵兵马俑、“五岳独尊”的泰山彰显的大一统格局，体现了中华文明突出的统一性；从作为儒家文化象征的孔府孔庙，到天水麦积山石窟、敦煌莫高窟、大同云冈石窟、洛阳龙门石窟、重庆大足石刻等一系列佛教石窟，再到中国道教中心武当山、道教圣地青城山等，儒释道多元共存，体现了中华文明突出的包容性；从北京故宫天人合一的建筑理念到中国古典园林师法自然的园林形式，从被誉为“万国建筑博物馆”的鼓浪屿到古丝绸之路上的“舟舶继路、商使交属”，体现了中华文明突出的和平性。

文明之脉。物质有形，精神不朽。习近平总书记深刻指出，“我们一定要重视历史文化保护传承，保护好中华民族精神生生不息的根脉”。中华文明积淀着中华民族最深沉的精神追求。2019年8月，习近平总书记在敦煌研究院座谈时强调，既要深入挖掘敦煌文化和历史遗存蕴含的哲学思想、人文精神、价值理念、道德规范等，更要揭示蕴含其中的中华民族的文化精神、文化胸怀，不断坚定文化自信。长城是中华民族的代表性符号和中华文明的重要象征，凝聚着中华民族自强不息的奋斗精神和众志成城、坚韧不屈的爱国情怀。当今世界，人们提起中国，就会想起万里长城；提起中华文明，也会想起万里长城。长城、长江、黄河等都是中华民族的重要象征，是中华民族精神的重要标志。习近平总书记以深邃的历史眼光、深厚的文化情怀、深广的文明意识，高瞻远瞩地对历史文化遗产承载着的精神特质进行了精辟阐述。比如，天下为公、天下大同的社会理想，民为邦本、为政以德的治理思想，九州共贯、多元一体的大一统传统，修齐治平、兴亡有责的家国情怀，厚德载物、明德弘道的精神追求，富民厚生、义利兼顾的经济伦理，天人合一、万物并育的生态理念，实事求是、知行合一的哲学思想，执两用中、守中致和的思维方法，讲信修睦、亲仁善邻的交往之道等，这些都是我们的自信之基、力量之源。唯有充分汲取历史文化遗产中蕴含的精神智慧、提炼展示中华文明的精神标识和文化精髓，才能为中华民族生生不息、发展壮大供给丰厚滋养。

“敦煌的女儿”樊锦诗，视敦煌石窟的安危如生命。改革开放以来，她带领团队致力于世界文化遗产保护传承，积极开展文物国际交流合作，引进先进保护理念和保护技术，构建“数字敦煌”，开创了敦煌莫高窟开放管理新模式，为世界文化遗产敦煌莫高窟文物和大遗址保护传承与利用作出突出贡献。

2. 像爱惜生命一样保护和传承

历史文化遗产是一张金名片，传承保护好历史文化遗产是责无旁贷的使命。我们要本着对历史负责、对人民负责的精神，像爱惜自己的生命一样保护和传承宝贵的历史文化遗产。

党的十八大以来，习近平总书记站在留住文化根脉、守住民族之魂的高度，就保护传承历史文化遗产作出一系列重要论述，系统回答了“为何保护传承”“保护传承什么”“怎样保护传承”等方向性根本性战略性问题。在以习近平同志为核心的党中央坚强领导下，在习近平文化思想科学指引下，我国文化遗产保护工作取得历史性成就，全社会文化遗产保护意识显著提升，敬畏历史、敬畏文化、敬畏生态，千年文脉赓续绵延，灿烂文明生生不息。从国家、省、市县级文物保护单位数量分别增长 115%、58%、88%，到万余项重大文物保护工程相继竣工、6.2 万件（套）馆藏珍贵文物和出土文物得到修复；从建立国家、省、市、县四级非遗名录体系、认定非遗代表性项目 10 万余项，到国家历史文化名城新增 23 座、历史文化街区划定数量翻番、历史建筑确定数量增长近 5 倍，再到春节申遗成功，我国共有 44 个项目列入联合国教科文组织非物质文化遗产名录、名册，总数居世界之首……历史文化遗产保护工作的四梁八柱不断完善，文化遗产中蕴含的丰富价值得到深入挖掘，取得了显著的工作成效。十年前，南京小西湖街区启动“微改造”，遵循老城区改造“见物、见人、见生活”的总体原则，采取“小尺度、渐进式、逐院落”的微更新思路，按一户一策的方式开展精细化改造，逐个改造当地老街区的住户院落，探索原居民与新业态共生，历史传承与民生改善相得益彰、市井烟火气与现代时尚感彼此交织，在留住城市记忆的同时，全面改善人居环境，为老城注入新活力。2022 年，小西湖城市更新项目获联合国教科文组织亚太地区文化遗产保护奖。神州大地上，古今辉映、欣欣向荣，历史文脉融入现代生活，中华优秀传统文

南京小西湖街区启动“微改造”工程今旧对比图

化迸发新的活力，呈现出“千岩竞秀，万壑争流”的繁盛景象。

新时代新征程，加强历史文化遗产的保护传承，必须以习近平文化思想为指引，秉持敬畏历史、热爱文化之心，坚持保护第一、合理利用和最小干预原则，正确处理保护与利用、保护与发展、保护与开发等重大关系，建立文化遗产保护传承工作协调机构，推动文化遗产系统性保护和统一监管。始终把保护放在第一位，在保护中发展、在发展中保护。突出系统性保护。既要保护古代建筑，也要保护近代建筑；既要保护单体建筑，也要保护街巷街区、城镇格局；既要保护精品建筑，也要保护具有浓厚乡土气息的民居及地方特色的民俗。突出做好精细化分类。持续开展新的文化遗产的家底的普查、登记、认定工作，建立完善的文化遗产分类名录，积极推进历史文化遗产保护相关条例的修订施行，筑牢历史文化遗产的法治保障。突出“微改造”。处理好“尽精微”与“致广大”的关系，注重文明传承、文化延续，让城市留下记忆，

足迹

三坊七巷历史文化街区位于福州城市中轴线八一七北路西侧，总占地面积约40公顷。三坊七巷历史文化街区发轫于晋朝，成形于唐、五代，完善于两宋，鼎盛于明清，被誉为“里坊制度活化石”“明清建筑博物馆”，有着“一片三坊七巷，半部中国近代史”的盛名。习近平同志在福建任职期间，在他的支持下，三坊七巷免遭拆除，一大批历史文物古迹保留至今。图为三坊七巷历史文化街区。

让人们记住乡愁。

更好传承历史文化遗产，是全社会全体人民共同的责任。2014年2月，习近平总书记在北京市考察时指出，“历史文化是城市的灵魂，要像爱惜自己的生命一样保护好城市历史文化遗产。”为保护北京中轴线文化遗产，北京市广泛动员群众参与，努力用好“家门口力量”，制定了全国首个公众参与的文化遗产保护机制——《公众参与北京中轴线文化遗产保护与传承支持引导机制（试行）》，建立北京中轴线文化遗产监督员制度，鼓励公众对中轴线文化遗产保护、开放、管理情况进行监督与反馈，鼓励志愿者利用自身文化知识、专业技能参与北京中轴线文化遗产保护，夯实了文化遗产保护传承的社会基础。在全社会的共同努力下，联合国教科文组织第46届世界遗产大会将“北京中轴线——中国理想都城秩序的杰作”列入《世界遗产名录》。要统筹好旅游发展、特色经营、古城保护，筑牢文物安全底线，守护好前人留给我们的宝贵财富。传承历史文化遗产，年轻一代的参与尤为重要。要营造传承中华文明的浓厚社会氛围，广泛宣传中华文明探源工程等研究成果，教育引导群众特别是青少年更好认识和认同中华文明，增强做中国人的自信心和自豪感。着力推动中华优秀传统文化进课本、进课堂、进校园，使历史文化进一步融入青少年的学习成长中，赓续文脉、代代相传。

今天的中国，五彩斑斓的文化遗产与雄奇秀美的锦绣山河共同铺展出一幅新时代生机勃发的动人画卷。延绵后世、惠泽人民，文化和自然遗产成为坚定文化自信、建设文化强国的宝贵资源。必须唤起全社会保护历史文化遗产的主动性、积极性和创造性，与时俱进做好文化和自然遗产保护传承利用工作，把老天爷留下的自然资源、老祖宗留下的文物遗存、老革命留下的红色基因保护、利用、传承好，守护好中华民族精神的根脉，为以中国式现代化全面推进强国建设、民族复兴伟业注入强大文化力量。

3. 让更多历史文化遗产活起来

习近平总书记指出，“盛世修文，我们这个时代，国家繁荣、社会平安稳定，有传承民族文化的意愿和能力，要把这件大事办好。”我们要高扬中华民族的文化主体性，矢志不渝地加强对历史文化遗产的研究和利用，推动历史文化遗产的创造性转化、创新性发展，让文物说话，让历史说话，让文化说话，让更多历史文化遗产“活起来”，真正把历经沧桑留下的中华文明瑰宝呵护好、弘扬好、发展好。

何为创造性转化？习近平总书记讲，创造性转化，就是要按照时代特点和要求，对那些至今仍有借鉴价值的内涵和陈旧的表

足迹

位于江苏苏州古城东北隅的平江历史文化街区，已有2500多年历史。2023年7月6日，习近平总书记在平江历史文化街区考察时有感而发：“平江历史文化街区是传承弘扬中华优秀传统文化、加强社会主义精神文明建设的宝贵财富，要保护好、挖掘好、运用好，不仅要在物质形式上传承好，更要在心里传承好。”图为苏州平江历史文化街区。

现形式加以改造，赋予其新的时代内涵和现代表达形式，激活其生命力。要实现这一目标，关键在于聚集多元文化遗产资源、形成聚合性的文化效应、塑造出具有自身特色和全国影响力的品牌名片，成功吸引社会大众的关注和喜爱，引导带动社会大众参与历史文化遗产的创造性转化。

今天，我们漫步苏州古城平江历史文化街区，置身于小桥流水、粉墙黛瓦的江南水城之中，游览古街园林，观看苏绣宋锦，赏听评弹昆曲，体验年画印刷，平江历史文化街区实现了生活、文化、商业、旅游、社区良性互动与和谐相融，成为大运河遗产活化利用的“城市会客厅”。走进四川金沙遗址，围绕金沙元素打造的城市景观、主题地铁、主题酒店、特色美食等持续刺激“金沙片区”经济的发展，使其成为成都著名的文化品牌和经济品牌，吸引着海内外游客。类似这样的例子不胜枚举。我们要活化利用挖掘品牌、彰显特色打造品牌、以文塑旅发展品牌，让历史文化遗产获得新生。

何为创新性发展？习近平总书记指出，要按照时代的新进步新进展，对中华优秀传统文化的内涵加以补充、拓展、完善，增强其影响力和感召力。创新是文化的本质特征，历史文化遗产的创新性发展需要通过文化创新，将历史文化遗产的特点与现代需求结合起来，创造出有市场竞争力和经济价值的产品与服务。

坚持创意驱动。创新是文化的本质特征。文化发展，创意制胜，内容为王。只有不断提高文化创新能力，才能胜人一筹。文化创意的核心在于人的创造力，创意的源头主要在于个人，依赖个人的聪明才智。要充分用好我们的智慧、技能和天赋，对文化资源进行开发与运用、创造与提升，推动更多文化创意变成项目、

项目变成产品，提升文化的核心竞争力。

善用数字赋能。“数字”“文化”双向赋能，激荡强劲发展力。要大力推动文化与数字科技的融合，运用高新技术改造传统产业，发展新兴文化产业，催生新的文化业态。比如，在文化内容的表现力上，要善于在艺术作品中运用科技手段，表现人民群众的喜怒哀乐和社会生活的多姿多彩；在文化形式的吸引力上，要善于运用数字科技赋能不断创造新的文化样式，实现题材、品种、风格和载体的丰富；在文化传播的影响力上，要善于运用先进技术手段改造传统文化生产、经营和传播模式，使我们的文化理念、文化精髓、价值体系广为流传。曾热映的动画电影《长安三万里》的创新之处，在于运用数字技术，集科技和艺术于一身，在视觉效果的创新方面做到了极致。

强化品牌引领。文化品牌体现着文化的核心竞争力，凝聚了文化的经济价值与精神价值，具有独特而广泛的影响力。在文化品牌的创立上，既要对现有文化资源进行发掘和整合，从历史的、民族的、民间的、现有的各种人文奇观中，发掘出具有深厚文化内涵与底蕴的文化品牌，又要运用妙想、灵感，创立前所未有的、富有现代气息和风尚的文化品牌。

文物不言，自有春秋。每一种文明都延续着一个国家和民族的精神血脉，既需要薪火相传、代代守护，更需要与时俱进、勇

扬州·中国大运河博物馆，是集运河文物收藏、展示、研究、教育于一体，兼顾旅游休闲与对外交流的专题性博物馆，是大运河国家文化公园建设的标志性博物馆。

于创新。自 2017 年以来，我国正式实施中华优秀传统文化传承发展工程，全面推进中华文化资源普查工程、国家古籍保护及数字化工程、中华经典诵读工程、中国传统村落保护工程、国家文化公园建设工程、黄河文化保护传承弘扬工程、大运河文化保护传承利用工程、中华古文字传承创新工程、农耕文化传承保护工程等 23 个重点项目，不断增强中华优秀传统文化的生命力和影响力，创造了中华文化新辉煌。编辑出版《复兴文库》等大型历史文献丛书、推出《中国国宝大会》《唐宫夜宴》等全民热议的文化节目，引发社会大众强烈的共鸣共情，打造了品牌口碑，成为推动中华优秀传统文化创新性发展的重要平台……新时代以来，我国着力营造传承中华文明的社会氛围，把历史文化遗产中蕴含的多重价值与现代文明要素有机结合起来，在日新月异的文化建设中绽放出绚丽的时代风采。

历史文化遗产是时代发展的产物，具有不同时代、不同地域的烙印。新时代中国特色社会主义是中国特色社会主义文化发展的新阶段，只有在历史进步中，以时代精神激活历史文化遗产的生命力、挖掘历史文化遗产的软实力、强化历史文化遗产的影响力，历史文化遗产才能真正实现创造性转化和创新性发展，让中华文明绽放新的光彩，更好构筑中国精神、中国价值、中国力量。

E起学习

1. 习近平：《在敦煌研究院座谈时的讲话》，《求是》2020 年第 3 期。
2. 习近平：《用好红色资源，传承好红色基因　把红色江山世世代代传下去》，《求是》2021 年 10 期。
3. 习近平：《加强文化遗产保护传承　弘扬中华优秀传统文化》，《求是》2024 年第 8 期。

构建中国话语和中国叙事体系

现在，国际上理性客观看待中国的人越来越多，为中国点赞的人也越来越多。我们走的是正路、行的是大道，这是主流媒体的历史机遇，必须增强底气、鼓起士气，坚持不懈讲好中国故事，形成同我国综合国力相适应的国际话语权。

——2019 年 1 月 25 日，习近平总书记在十九届中共中央政治局第十二次集体学习时的讲话

伟大时代孕育伟大故事，精彩中国需要精彩讲述。当今时代，中国式现代化的成功实践让世界再次聚焦中国，国际社会对中国奇迹产生浓厚的兴趣，渴望破解中国成功的秘诀。习近平总书记强调，“我们有本事做好中国的事情，还没有本事讲好中国的故事？我们应该有这个信心！”

党的二十届三中全会指出，加快构建中国话语和中国叙事体系，全面提升国际传播效能。讲好中国故事，传播好中国声音，我们要构建更有效力的国际传播体系，加快构建多渠道、立体式对外传播格局，积极打造融通中外的新概念、新范畴、新表述，形成同我国综合国力和国际地位相匹配的国际话语权，展现可信、可爱、可敬的中国形象。

1. 话语的背后是思想是“道”

文以载道，靠的是有力量、有生命力的话语。话语愈有张力，道就愈能凸显。讲故事就是讲事实、讲形象、讲情感、讲道理，讲事实才能说服人，讲形象才能打动人，讲情感才能感染人，讲道理才能影响人。我们要格外重视、熟练运用话语的表达，更加充分、更加鲜明地展现中国故事及其背后的思想力量和精神力量。

话语的力量来自“道”。话语的背后是思想、是“道”。中国故事怎么讲？根本在于传播理念，以理服人、以情动人，以我为主、融通中外。要把“道”贯通于故事之中，通过引人入胜的方式启人入“道”，通过循循善诱的方式让人悟“道”。新时代以来，我们提出的“五位一体”总体布局、“四个全面”战略布局，我们倡导的正确义利观、命运共同体、新型大国关系、共建“一带一路”等重大理念，既是响彻世界的话语叙事，也是中国理念的鲜明表达。近年来，《习近平谈治国理政》多个语种版本引发

《习近平谈治国理政》第四卷多语种版出版发行

广泛关注，创下了改革开放以来中国国家领导人著作海内外发行的最高纪录。海外人士普遍认为，《习近平谈治国理政》出版发行，有助于国际社会及时了解习近平新时代中国特色社会主义思想的最新发展、增进对中国共产党治国理政理念和实践的认知，引导国际社会形成正确的中共观、中国观。这深刻启示我们，要加大话语建设和传播力度，阐释好中国道路、中国理论、中国制度、中国文化，使其成为世界表达中国故事的源头、读懂中国的标识。

必须致力于打造新概念新范畴新表述。长期以来，困扰中国文明叙事的现实难题是：有理说不出，说了传不开，传开叫不响。我们在国际上还存在着信息流进流出的“逆差”、中国真实形象和西方主观印象的“反差”、软实力和硬实力的“落差”。应该承认，对国家话语权的掌握和运用，我们总的是生手，在很多场合还是人云亦云，甚至存在舍己芸人现象。究竟用什么样的话语体系让世界读懂中国？重点在于用中国理论阐释中国实践，用中国实践升华中国理论，提炼展示中华文明的精神标识和文化精髓，更好向世界阐释推介更多具有中国特色、体现中国精神、蕴藏中国智慧的文化资源，更加鲜明地展现中国思想，更加响亮地提出中国主张。

话语需要自主知识体系为支撑。毛泽东早就说过，我们中国人必须用我们自己的头脑进行思考，并决定什么东西能在我们自己的土壤里生长起来。知识体系是人类文化传承、发展的直接载体，是文化的价值体系、美学体系的重要基础。加快构建中国话语和叙事体系，离不开建构中国自主的知识体系。我们要聚焦中国式现代化的宏大叙事，坚持高质量发展这一新时代硬道理，以中国为观照、以时代为观照、以历史为观照，围绕我国和世界发展面临的重大问题，着力提出能够体现中国立场、中国智慧、中国价值的理念、主张、方案。

足迹

2022年4月25日，习近平总书记在中国人民大学考察时强调：“加快构建中国特色哲学社会科学，归根结底是建构中国自主的知识体系。要以中国为观照、以时代为观照，立足中国实际，解决中国问题，不断推动中华优秀传统文化创造性转化、创新性发展，不断推进知识创新、理论创新、方法创新，使中国特色哲学社会科学真正屹立于世界学术之林。”图为中国人民大学明德楼。

担负起新时代的文化使命，建构中国自主的知识体系，必须加快构建中国特色哲学社会科学。要坚持以马克思主义为指导，按照立足中国、借鉴国外、挖掘历史、把握当代、关怀人类、面向未来的思路，不断推动中华优秀传统文化创造性转化、创新性发展，不断推进知识创新、理论创新、方法创新，着力构建有中国特色、中国风格、中国气派的哲学社会科学学科体系、学术体系、话语体系，使中国特色哲学社会科学真正屹立于世界学术之林，更好发挥在融通中外文化、增进文明交流中的独特作用，让世界知道“学术中的中国”“理论中的中国”“现代化的中国”。

2. 牢牢占据国际道义制高点

从历史上看，每一次信息技术革命都推动传播革命。当前，新一轮科技革命方兴未艾，新的信息技术迅猛发展，在文化领域不断催生各类新业态、新应用、新模式，深刻改变文化创作生产和传播消费方式，深刻重塑媒体形态、舆论生态和文化业态，深刻推动不同文化和价值观念交流交融交锋。信息技术迅猛发展也推动国际传播格局和国际话语场深刻调整，为我们占据国际传播制高点、构筑国际话语新优势提供了契机。

国际话语权的争夺实质也是国际道义制高点的争夺，大国博弈必须道义先行、道行天下。落后就要挨打，贫穷就要挨饿，失语就要挨骂。形象地讲，长期以来，我们党领导人民就是要不断解决“挨打”“挨饿”“挨骂”这三大问题。经过几代人不懈奋斗，前两个问题基本得到解决，但“挨骂”问题还没有得到根本解决。积极开展话语权斗争，是我们必须解决好的一个重大问题。掌握了话语的主导权，就掌握了中国道路的定义权、中国精神的阐释权、中国形象的塑造权，从而占据文化传播和舆论斗争的制高点。

当前，世界之变、时代之变、历史之变正以前所未有的方式展开，人类社会正站在十字路口。一方面，通过文明交流互鉴应对共同挑战、迈向美好未来的呼声日益强烈，国际社会对中华文化的关注与日俱增，期待中华文化对人类文明发展进步发挥更大作用。另一方面，宣扬文化竞争并挑起文明冲突、意识形态对抗的倾向也有增无减。尤其是中国快速发展引起个别国家强烈不安，他们凭借信息优势和舆论霸权丑化我国形象，歪曲抹黑的舆论攻势不断加剧。无论是推动文明交流互鉴，还是应对国际文化竞争，都要求我们深化改革，完善国际传播体制机制，构建具有鲜明中国特色的战略传播体系，不断提升国家文化软实力和中华文化影响力，真正在国际文化激荡中站稳脚跟。从近年世界经济论坛发布的《全球竞争力报告》中可以看出，中国综合得分稳步上升，对世界经济增长贡献率保持在 30% 以上，对全球减贫事业贡献率超过 70%。随着中国综合国力的日益增强、文化软实力的提升，“东升西降”态势渐行渐明，日益转化为中国话语与叙事体系建构的正向力量。

明者因时而变，知者随事而制。纵观世界大国兴衰史，经济实力增强是话语权提升的必要条件，但并不能即时和自然转换。争取话语权必须主动而为，积极塑造。中国作为最大的社会主义国家，要在国际话语体系中开辟出一条新路，取得与经济实力相称的应有地位，更非易事，更加需要披荆斩棘勇往直前的不懈努力和拼搏，更加需要穿过迷雾坚定前行的战略定力和智慧。

我们要强化历史担当，聚力中华民族伟大复兴不可逆转的伟大进程，切实增强提升国际话语权的紧迫感使命感，抓住历史机遇乘势而上，加快构建中国话语和中国叙事体系。长期以来，在西方文化霸权与西方中心论的加持影响下，中国一直被误读、被误解、被误判。一些人对中国有偏见，主要是源于陌生、隔阂和

足迹

CHINA DAILY
中国日报 EUROPEAN WEEKLY
The day a television smash hit was born
AT THE VANGUARD

CHINA DAILY
中国日报 EUROPEAN WEEKLY
China boosts vocational training
PANDA POWER

2021年5月27日，习近平总书记在致中国日报创刊40周年的贺信中指出："希望中国日报以创刊40周年为新的起点，牢记联接中外、沟通世界的职责，把握大局大势，创新对外话语体系，构建全媒体传播格局，建设高素质队伍，不断提高国际影响力，更好介绍中国的发展理念、发展道路、发展成就，更好展示真实、立体、全面的中国，为促进中国和世界交流沟通作出新的贡献！"图为《中国日报》海外版。

不了解。了解中国，不能只看一个点、一个面，切忌盲人摸象。介绍中国，既要介绍特色的中国，也要介绍全面的中国；既要介绍古老的中国，也要介绍当代的中国；既要介绍中国的经济社会发展，也要介绍中国的人和文化。就我们共同生活的世界而言，必须清醒地看到，"文明冲突论"长期主导了不同文明交往的国际话语权，"历史终结论"一度垄断了不同社会制度前途命运的话语权，“社会趋同论”严重干扰了世界各国对两条道路走向的判断，“中国崩溃论”严重误导了世界对于中国发展前景的判断，“霸权稳定论”是霸权主义横行世界的吹鼓手，“中国见顶论”妄图唱衰中国发展，这些论断完全是颠倒黑白、一派胡言。傲慢与偏见只能阻碍历史进步，文化霸权只会加速文化衰落，批判和清除文化霸权，是一场关乎“国运”和“国脉”的战略角力。我们必须丢掉幻想，与各种“文化霸权”“话语霸权”作坚决的长期的斗争。

中国共产党与世界政党高层对话会

习近平总书记多次强调，我们既不“输入”外国模式，也不“输出”中国模式，不会要求别国“复制”中国的做法。2023 年 3 月，我们成功主办中国共产党与世界政党高层对话会，加强同有关国家治国理政经验交流，支持发展中国家维护主权和安全、坚持自主发展的努力，受到广大发展中国家的高度赞扬。崭新的中国话语和叙事体系给国际思潮和舆论注入正本清源、激浊扬清的强大正能量，牢牢把握了国际道义制高点。

3. 展现可信可爱可敬的中国形象

国家形象是一个“自己怎么看”和“他人怎么看”的综合呈现，反映了一个国家的发展实力与文化底蕴。中华文明自古以来热爱和平，以和为贵，推崇“协和万邦”“亲仁善邻”“四海之内皆兄弟”的价值理念，形成了“同则相亲，异则相敬”的正确义利观、共同命运观。2014 年 3 月，习近平总书记在中法建交五十周年纪念大会上指出，拿破仑说过，中国是一头沉睡的狮子，当这头睡狮醒来时，世界都会为之发抖。中国这头狮子已经醒了，但这是一只和平的、可亲的、文明的狮子。然而，西方妖魔化中国的声音从未减少，他们妄图虚无中国历史，虚无中国文化，丑化中国形象、政党形象。讲好中国故事、传播好中国声音，展现可信可爱可敬的中国形象，任务紧迫、意义重大。

必须把发展优势转化为话语优势。新中国成立以来特别是改革开放以来，中国发生了深刻变革，置身这一历史巨变之中的中国人更有资格、更有能力揭示其中所蕴含的历史经验和发展规律，更有资格、更有能力把中国特色社会主义的发展优势转化为舆论引导的话语优势。近代以来，中国从一个积贫积弱、百废待兴的国家，一跃成为国内生产总值和综合国力均居世界前列的社会主义大国，国际影响力持续增强，国际地位不断提升。中国之发展，无疑是 21 世纪全球最有影响力的重大历史事件。然而，在国际话语舆论场上，与中国发展创造的业绩相比，中国还存在着明显的“话语赤字”。以至于一些外国人，从来也没有到过中国，根本不了解中国的发展和变化，他们对中国的认识甚至还停留在几十年前的认识水平上。中华民族伟大复兴呼唤中国话语的崛起。我们要从提高国家文化软实力、占据国际道义制高点的高度出发，加快构建中国话语和中国叙事体系，对发生在中国的“故事”给出科学的解释和说明，与时俱进地将“中国方案”上升为普遍性的概念体系和知识范式，鞭辟入里、精准客观地对人类面对的共同问

足迹

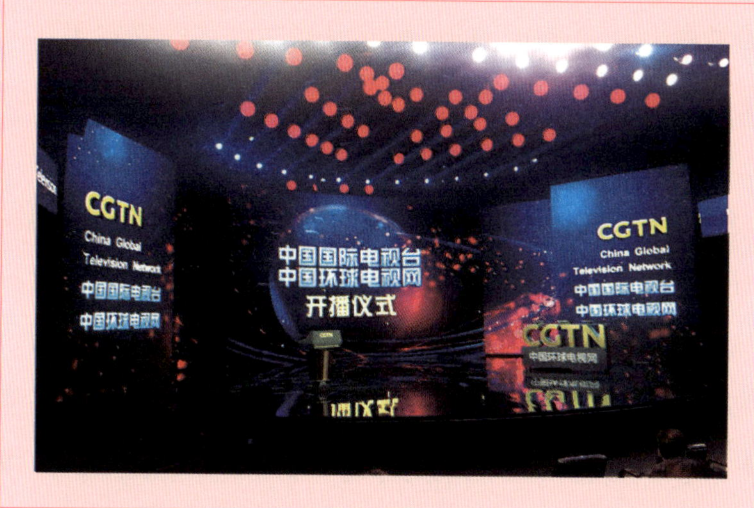

2016年12月31日，习近平总书记在致中国国际电视台（中国环球电视网）开播的贺信中指出：“中国国际电视台（中国环球电视网）要坚定文化自信，坚持新闻立台，全面贴近受众，实施融合传播，以丰富的信息资讯、鲜明的中国视角、广阔的世界眼光，讲好中国故事、传播好中国声音，让世界认识一个立体多彩的中国，展示中国作为世界和平的建设者、全球发展的贡献者、国际秩序的维护者良好形象，为推动建设人类命运共同体作出贡献。”图为中国国际电视台开播仪式现场。

题给出中国的解答。如此，中国话语的世界意义必将更加彰显，中国的发展优势也终将转化为话语优势。从国家层面来讲，中央对外联络部已持续多年在中国共产党的中央全会召开之后举办宣介会，向国际社会特别是各国政党及时传播中国共产党的最新政策和理念，讲好发生在中国大地上的中国故事，更加主动地宣介中国主张、传播中华文化、展示中国形象，从而引导国际社会形成正确的中国观。

谁设置国际议题，谁就能主导国际议程。从目前来看，在国际话语舞台上，“涉中”的议题非常多，但这些议题实际大都是由西方主导，还处于“阐释中国”阶段，还没有进入到“中国阐释”阶段。我们要高度重视加强世界性议题的设置，积极介入、提前介入，主动谋划，用好中国文化的话语资源，不断提升议题设置、塑造国家形象、影响国际舆论场的能力和水平。要集中力量编写面向海外、多语种的“中国道路”等理论学术权威出版物，提炼易为国际社会理解和接受的标识性概念，选择容易产生共鸣的故事。要推进国际传播格局重构，促进宣传、外交、经贸、旅游、体育等领域协调配合，推动部门、地方、媒体、智库、企业、高校等主体协同发力，加快构建多渠道、立体式对外传播格局。比如，近年来我国一些大学、科研机构积极走出去，与国外大学等共建国际性学术组织，积极宣传阐释中国发展成就，讲好中国特色社会主义的故事、讲好中国梦的故事、讲好中国和平发展的故事，牢牢掌握了话语权，起到了很好的效果。

理论是载道之魂，舆论是言道之器。做好新形势下的宣传思想文化工作，展示可信、可爱、可敬的中国形象，必须“理论当家”“舆论起家”，树导向、凝共识，用理论升华舆论，用舆论助推理论，促进二者同向发力。应该看到，社会思潮越是多元、多样、多变，舆论格局越是纷争、激荡、分化，我们越需要坚持科学的理论，越需要廓清迷雾、明辨是非、保持清醒。习近平新时代中国特色社会主义思想是新时代中国共产党的思想旗帜，是国家政治生活和社会生活的根本指针，是被实践反复证明成功的现代哲学原创理论。要有这样的理论自觉，更要有这样的理论自信。我们应该在学懂弄通悟透的基础上，借鉴世界各国构建和运筹话语权的经验，尽快打造具有中国特色、中国风格、中国气派的话语体系，宣传好“中国共产党为什么能”“中国特色社会主义为什么好”“中国化时代化的马克思主义为什么行”。

理论是“定盘星”，舆论是“放大器”。“两论”都发挥着塑风向、引导人、鼓舞人的导向作用，谁掌握了舆论引领权、主动权，谁就占据了理论的发言权、阐释权。积极、健康、阳光、向上的舆论不去占领，落后、陈旧、负面、消极的内容必然会甚嚣尘上。对于前者，我们要鼓足干劲、正面宣传；对于后者，我们要与其斗争、主动斗争，营造风清气正的文化环境。近年来《人民日报》的“任仲平”文章从纸上走到“指尖”，网上网下圈粉无数，就在于其坚持理论与舆论同频共振的优良传统，深厚的写作传统、深沉的价值追求、辨识度高的思想气质让其在“文旗随战鼓”的时代洪流中书写了中国新闻传播史上的传奇。

情者文之经，辞者理之纬。讲好中国故事，传播好可信、可爱、可敬的中国形象，必须把“陈情”与“说理”相结合，既要彰显理论高度，又要体现话语温度，以情感感染人，以道理影响人。感人心者，莫先乎情，有温度的话语犹如春风拂面，令人心旷神怡、回荡在心。中国对外话语的建构，不仅要说中国老百姓的话，也

把全面深化改革作为推进中国式现代化的根本动力

任仲平

立足关键时期，用好重要法宝

任仲平

《人民日报》“任仲平”署名文章

要说外国老百姓的话，不仅要讲中国文化的故事，也要讲外国文化的故事，兼顾二者的喜爱偏好、语言习惯、文化环境，使用日常化、生活化、平民化、本土化的话语，凸显故事情感，以情动人、引人共鸣。

“唯以交心，方成其久远”。2013 年 11 月 3 日，习近平总书记到湖南省湘西十八洞村考察调研时到一位苗族老大娘家里看望。因为她家里没有电视机，不认得总书记，问总书记该怎么称呼时，总书记回答：“我是人民的勤务员。”这个故事曾在塞浦路斯宣讲，他们的劳动人民进步党总书记听后感动得流下了眼泪。故事中有哲理、有文化、有味道，讲好一个故事胜过一打概念。这就要求我们，要组织各种精彩、精炼的故事载体，集中宣介中国理念，宣传好、放大好中国共产党领导人的亲民爱民形象，增加外国民众对中国的亲近感和认同感。把各国人民对美好生活的向往作为共情点，多讲、讲好中国发展的故事，讲好一个个鲜活的中国共产党人全心全意为人民服务的故事，讲好外国百姓与中国结缘的故事，真正把中国道路、中国理论、中国制度、中国精神、中国力量寓于精彩纷呈的故事中，动之以情、晓之以理，使人想听爱听，听有所思、听有所得。

一起学习

1. 习近平：《在中国国际友好大会暨中国人民对外友好协会成立60周年纪念活动上的讲话》，《人民日报》2014年5月16日。
2. 《习近平致信祝贺中国新闻社建社70周年强调　创新国际传播话语体系提高国际传播能力 增强报道亲和力和实效性》，《人民日报》2022年9月24日。
3. 《习近平致信祝贺中国人民对外广播事业创建80周年强调　加强国际传播能力建设　打造具有强大引领力传播力影响力的国际一流新型主流媒体》，《人民日报》2021年12月4日。

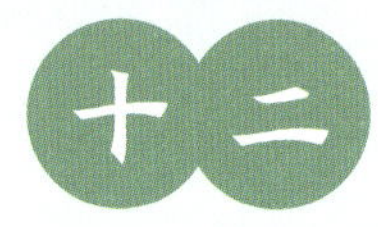

十二 促进文明交流互鉴

中国共产党将致力于推动文明交流互鉴，促进人类文明进步。当今世界不同国家、不同地区各具特色的现代化道路，植根于丰富多样、源远流长的文明传承。人类社会创造的各种文明，都闪烁着璀璨光芒，为各国现代化积蓄了厚重底蕴、赋予了鲜明特质，并跨越时空、超越国界，共同为人类社会现代化进程作出了重要贡献。中国式现代化作为人类文明新形态，与全球其他文明相互借鉴，必将极大丰富世界文明百花园。

“一花独放不是春，百花齐放春满园。”在各国前途命运紧密相连的今天，不同文明包容共存、交流互鉴，在推动人类社会现代化进程、繁荣世界文明百花园中具有不可替代的作用。

——2023 年 3 月 15 日，习近平总书记在中国共产党与世界政党高层对话会上的主旨讲话

中国先哲老子讲，“大邦者，下流也”。就是说，大国要像居于江河下游那样，拥有容纳天下百川的胸怀。中国始终以开放包容的心态加强同外界对话和沟通，虚心倾听世界的声音。弘扬全人类价值，促进文明交流互鉴，是习近平文化思想的重大理论创新。

文化因交流而多彩，文明因互鉴而丰富。在希腊，参观雅典卫城博物馆，共赴“文明之约”；在埃及，漫步于卢克索神庙，回忆中埃文明交流往事；在印度，参观马哈巴利普拉姆古寺庙群，畅叙文明互鉴的悠久渊源……习近平总书记身体力行，以一场场别开生面的“文化外交”，推动不同文明交流对话、和谐共生，共同绘就美美与共的人类文明新画卷。

1. 胸怀天下的宏大文化格局

坚持胸怀天下，是习近平新时代中国特色社会主义思想世界观和方法论的重要内容，也是中国共产党百年奋斗的经验总结。学习贯彻习近平文化思想，必须坚持胸怀天下的大视野、大格局、大担当，更加积极主动地借鉴人类优秀文明成果，为担负新时代的文化使命提供丰沛养分，为构建人类命运共同体作出应有贡献。

2019 年 5 月 15 日，习近平总书记在亚洲文明对话大会开幕式上的主旨演讲中指出：“今日之中国，不仅是中国之中国，而且是亚洲之中国、世界之中国。未来之中国，必将以更加开放的姿态拥抱世界、以更有活力的文明成就贡献世界。”图为“亚洲文明对话大会之亚洲文化嘉年华”开幕式现场。

坚定的理论自觉。理论明、方向正、人心齐。在《共产党宣言》中，马克思、恩格斯把解放全人类、实现人的自由全面发展作为共产主义的本质特征，为中国共产党“坚持胸怀天下”奠定了理论基础，指明了努力方向。坚持胸怀天下，既是继续推进实践基础上的理论创新必须坚持好、运用好的重要立场观点方法，也是推进中国式现代化取得新进展、新突破，为人类发展进步作出更大贡献必须坚持好、运用好的重要立场观点方法。从文化格局上比较，资本主义国家和资产阶级政党，虽然也睁眼看天下，但他们按照自己的面貌为自己创造出一个世界，心里装着殖民、掠夺、残暴与血腥的天下。中国共产党胸怀天下，不仅自己好，也让别人好，为人类谋进步、为世界谋大同。正如习近平总书记深刻指出的，从“本国优先”的角度看，世界是狭小拥挤的，时时都是“激烈竞争”；从命运与共的角度看，世界是宽广博大的，处处都有合作机遇。因此，没有坚持胸怀天下的理论高度，就无法解决人类面临的普遍问题。特别是当今世界，文化思潮涌动、文化领域乱象丛生，我们更应该毫不动摇地用马克思主义理论指导文化建设实践，不断开阔和提升社会主义文化强国建设的胸襟与气度。

坚定的文化自觉。习近平总书记指出，中国共产党是具有高度文化自觉的党。有人讲，一个民族不管有多么博大精深的文化，关键在你手里还剩下多少、你对自己的文化知道多少。我们党作为中华民族的中坚，作为以实现国家富强、民族振兴、人民幸福为己任的执政党，必须以对民族、对历史、对后人高度负责的精神，把传承民族优秀文化作为义不容辞的责任，更好地用民族优秀文化滋养生命、激发创造，建设好中华民族的共有精神家园。“天下一家”的价值理念深深根植于中华民族的血脉基因中。《大学》中“修身齐家治国平天下”涵养的家国情怀，《孟子》中“穷则独善其身，达则兼济天下”崇尚的品德胸怀，杜甫“大庇天下寒士俱欢颜”中的大爱之心，范仲淹“先天下之忧而忧，后天下之乐而乐”中的崇高精神，顾炎武“天下兴亡，匹夫有责”中的责任担当，这些耳熟能详、日用而不觉的经典名句所传达出来的文化理念为一代又一代中国人所尊崇。这些宝贵的文化基因也深深地融入了中国共产党人的血液，内化于心、外化于行。

坚定的实践自觉。回顾“东学西渐”的历史，习近平总书记指出，“儒家文化起源中国，受到欧洲莱布尼茨、伏尔泰等思想家的推崇。这是交流的魅力、互鉴的成果”。他引用莱布尼茨的话，“唯有相互交流我们各自的才能，才能共同点燃我们的智慧之灯”。历史不应该是记忆的负担，而应该是理智的启迪。在中国共产党的坚强领导下，中华民族从苦难走向辉煌。近代惨痛的历史记忆给我们党、国家和人民留下了深刻教训，同时也启迪我们重新思考人类文明的发展路径。当代中国共产党人更加认识到，化解人类面临的突出矛盾和问题，需要依靠物质的手段攻坚克难，也需要依靠精神的力量诚意正心。不同文明之间平等交流、互学互鉴，将为人类破解时代难题、实现共同发展提供强大的精神指引。一位法国的中国问题专家曾说，在日益动荡不安的世界中，欧洲和中国更需加强文明互鉴，欧洲尤其需要了解中国的文化和哲学，只有增进彼此文化的交流对话，才可能“避免两极世界，找到一条和平道路”。过去，古丝绸之路促进了亚欧大陆各国互联互通，推动了东西方文明交流互鉴；今天，共建“一带一路”倡议从古丝绸之路和丝路精神中汲取智慧和力量，从“硬联通”到“软联通”“心联通”，

翻开了各国文明融合共生的时代新篇。

伟大的古老文明都是相似的。2000 多年前，古代中国、古代希腊的文明之光就在亚欧大陆两端交相辉映。古希腊哲学和文学泰斗辈出的黄金时代，恰恰也是中国“百家争鸣”的思想迸发期。2019 年 11 月，习近平总书记走进雅典卫城博物馆，“沉思的雅典娜”浮雕吸引了总书记的目光。“这是雅典娜女神刚刚参加完战争后休息、沉思”，陪同参观的时任希腊总统帕夫洛普洛斯当起“讲解员”。“她在思考战争的意义究竟何在”，总书记讲起“止戈为武”的中国典故。行至二层，走到克里托斯男孩雕像前，工作人员介绍说，这尊雕像展现了“人是万物尺度”的思想开始萌发。“他们将目光聚焦到人，正如中国的‘以人为本’”，总书记点评说。三层入口处，东西两侧陈列着卫城的三角楣石雕，总书记幽默地说：“这是希腊的‘山海经’。”走出博物馆，两位元首的手紧紧握在一起，古老、灿烂、伟大的文明将两国人民的心紧紧联系在一起。2023 年 2 月 20 日，中希文明互鉴中心成立仪式上，习近平总书记在给希腊学者的回信中指出，“中希文明蕴含的价值观、世界观、宇宙观、人生观、科学观、文化观等博大精深、历久弥新，

雅典卫城博物馆

一定能够为人类破解时代难题、推动构建人类命运共同体提供重要的精神指引。”

在历史的关键当口回首过去、展望未来，我们对人类文明的探索没有穷期，对建设美好世界的努力不会止步。面对和平还是战争、繁荣还是衰退、团结还是对抗的历史抉择，我们比以往任何时候都更加需要胸怀天下的境界，朝着构建人类命运共同体的崇高目标不懈努力。

2. 照亮未来的全球文明倡议

2023 年 3 月 15 日，习近平总书记在中国共产党与世界政党高层对话会上，向世界郑重提出全球文明倡议，强调要共同倡导尊重世界文明多样性、共同倡导弘扬全人类共同价值、共同倡导重视文明传承和创新、共同倡导加强国际人文交流合作。全球文明

■ 三大全球倡议

全球发展倡议
全球安全倡议
全球文明倡议

倡议是继全球发展倡议、全球安全倡议之后，新时代的中国为世界提供的又一重要国际公共产品，进一步丰富和拓展了构建人类命运共同体的实践路径，对迎接人类文明面临的共同挑战、拓展人类文明进步之路作出了重要贡献。

“四个共同倡导”环环相扣、相辅相成，共同构成了全球文明倡议这一具有高度建设性和可操作性的重大倡议。其中，“尊重世界文明多样性”是不同文明包容共存、交流互鉴的前提条件；“弘扬全人类共同价值”为各方提供了根本遵循；“重视文明传承和创新”是文明发展进步的动力源泉；“加强国际人文交流合作”为不同文明相遇相知构建了方式路径。全球文明倡议以丰富意蕴回答了人类文明发展的时代之问。

尊重世界文明多样性。人类文明作为多样性的存在，是人类社会的客观事实，也是人类社会生生不息、得以发展的内在动力。人类文明的发展既不是预定的，也不是均衡进行的，而是在多样性和差异性的辩证互动中推进的。习近平总书记指出：“我们要共同倡导尊重世界文明多样性，坚持文明平等、互鉴、对话、包容，以文明交流超越文明隔阂、文明互鉴超越文明冲突、文明包容超越文明优越。”世界上有200多个国家和地区，有2500多个民族和多种宗教。不同历史和国情，不同民族和习俗，孕育了不同文明。文明没有高下、优劣之分，只有特色、地域之别。对待不同文明，各国只有以海纳百川的胸襟和兼收并蓄的态度，打破交往壁垒、消除交流隔阂，相互汲取智慧养分，才能不断创造新的文明成果。

弘扬全人类共同价值。人类生活在同一个地球村里，越来越成为你中有我、我中有你的命运共同体，客观存在共同利益，必然要求共同价值。在全球性挑战此起彼伏的今天，任何国家都难以独善其身。我们面临的和平赤字、发展赤字、安全赤字、治理赤字，说到底是价值赤字。2015 年 9 月，习近平总书记在出席第七十届联合国大会一般性辩论时，首次提出全人类共同价值：“和平、发展、公平、正义、民主、自由，是全人类的共同价值，也是联合国的崇高目标。”中国倡导弘扬全人类共同价值，坚持普遍性和特殊性相统一，既凝聚弘扬人类不同文明的价值共识，也尊重不同国家、不同文明在价值实现路径上的特殊性差异性，在求同存异、平等交流、相互借鉴基础上形成价值最大公约数，有利于把全人类意志和力量凝聚起来共同应对全球性挑战，为建设一个更加美好的世界提供正确价值指引。

重视文明传承和创新。传承是对文明根基的保护，创新是文明发展的动力。文明永续发展，既需要薪火相传、代代守护，更需要顺时应势、推陈出新。近年来，红海之滨，中沙联合考古队“唤醒”沉睡千年的历史遗迹，为海上丝绸之路学术研究提供了考古实物资料；埃及卢克索孟图神庙，中埃联合考古队让神庙实地景象和出土文物重现于世人面前……中国同各国一道，充分挖掘各国历史文化的时代价值，携手点亮文明交融之光。我们要共同倡导重视文明传承和创新，充分挖掘各国历史文化的时代价值，推动各国优秀传统文化在现代化进程中实现创造性转化、创新性发展。我们要大力弘扬跨越时空、跨越国度的优秀文化，既维护和珍惜本国本民族的优秀传统文化，也学习和汲取其他国家和民族的文明精华，从中探寻破解时代难题的思想智慧和精神力量，让一切文明的精华造福当今、造福人类。

加强国际人文交流合作。人是文明交流互鉴最好的载体，深化人文交流互鉴是消除隔阂和误解、促进民心相知相通的重要途径。从成都大运会、杭州亚运会，到“相约北京”奥林匹克文化节等一系列人文交流活动，让世界看到了中国践行全球文明倡议、推进文明交流互鉴的真诚意愿和切实行动。我们要探索建设全球文明倡议践行机制，广泛开展形式多样的国际人文交流合作，探讨构建全球文明对话合作网络，丰富交流内容，拓展合作渠道，拉紧国与国交往的纽带，架起人与人沟通的桥梁，不断谱写世界多彩文明的新篇章。

2023年7月28日，习近平总书记在成都第三十一届世界大学生夏季运动会开幕式欢迎宴会上的致辞中指出，我们要深化交流互鉴，以包容的胸怀构建和而不同的精神家园。文明是多样的，世界是多彩的。青年充满了活力，应该也能够以平等、包容、友爱的视角看待和而不同，用欣赏、互学、互鉴的态度对待多种文化。图为成都第三十一届世界大学生夏季运动会开幕式现场。

3. 丰富世界文明百花园

2022 年 2 月 20 日，第二十四届冬季奥林匹克运动会闭幕式在北京国家体育场举行。当焰火在“鸟巢”上空打出“天下一家”中英文字样，古老的中国智慧与奥林匹克精神完美交融，带给世界深深的感动。

在各国前途命运紧密相连的今天，不同文明包容共存、交流互鉴，在推动人类社会现代化进程、繁荣世界文明百花园中具有不可替代的作用。学习贯彻习近平文化思想，必须更加积极主动地借鉴人类优秀文明成果，为共建人类精神家园贡献智慧和力量。

秉承和合共生。和合共生是中华民族在特定时空背景下思考与解决所面临的生存问题而形成的价值观、生活方式，反映着和而不同、兼收并蓄的中华文明观，已经内化到中国数千年的政治经济、内政外交的历史进程之中，融化到华夏文明的历史血脉之中。

第二十四届冬季奥林匹克运动会闭幕式烟花

足迹

2016年，在习近平主席邀请下，二十国集团领导人到西湖畔观看《最忆是杭州》演出，那时他就提出，中国“不是要营造自己的后花园，而是要建设各国共享的百花园”。图为二十国集团领导人杭州峰会文艺晚会现场。

2014年4月，习近平总书记在比利时布鲁日欧洲学院发表演讲，以“茶酒”妙喻文明的多彩共生：“正如中国人喜欢茶而比利时人喜爱啤酒一样，茶的含蓄内敛和酒的热烈奔放代表了品味生命、解读世界的两种不同方式。但是，茶和酒并不是不可兼容的，既可以酒逢知己千杯少，也可以品茶品味品人生。”世界文明是一条大河，多元文明荟萃，川流不息，留下的是“万物并育而不相害，道并行而不相悖”的文化共识。几千年来，中国和合文化孕育的义利兼顾的利益共同体、和衷共济的责任共同体、大道为公的道德共同体、化成天下的文化共同体，正是“世界文明多样性”与“文明互鉴”理念的生动诠释。

坚持开放包容。一切生命有机体都需要新陈代谢，否则生命就会停止。文化如此，文明也是一样，如果长期自我封闭，必将走向衰落。文明的繁盛、人类的进步，离不开求同存异、开放包容，离不开文明交流、互学互鉴。一部绵延浩瀚的中华文明史，就是以开放的姿态同世界其他文明开展交流互鉴的历史。习近平总书记提出“对待不同文明，我们需要比天空更宽阔的胸怀”。我们要立足中华文明开放包容的文明特质，着眼于当今世界开放包容、兼收并蓄的主基调，坚持弘扬平等、互鉴、对话、包容的文明观，不遗余力促进世界各国文明开展平等对话、相互启迪，探索出一条互融共生的文明之路。

促进相知相通。在确定性与不确定性交织的世界里，寻求打破文化壁垒的有效方式，让文化背景不尽相同的人们更加融洽地互动起来，探寻不同国家和民族之间的长久相处之道，尤为考验智慧。2019 年，在法国尼斯夜谈时，马克龙总统送给习近平总书记一本 1688 年的《论语导读》法文手抄本；在上海豫园茶叙时，习近平总书记回赠马克龙总统一本 1899 年的法国名著《茶花女》首版中译本。2024 年在法国巴黎再相聚，两国元首又不约而同地选择了“书礼”。泛黄的纸张、隽永的墨迹，不仅饱含着尊重与理解，也有“从彼此文化中寻求更多智慧、汲取更多营养”的互鉴之意。

中国龙年元宵节之际，习近平总书记复信美国马斯卡廷中学访华代表团学生并回赠新春贺卡，语重心长地说：“得知你们到访了好几个城市，看大熊猫，品中国美食，体验中华文化，感到‘超级开心’，我非常高兴。听说你们结识了许多中国小伙伴，并且邀请他们回访你们的家乡，你们之间结下的友谊令人感动。”近年来，习近平总书记身体力行，一封封复信从北京来到阿拉伯艺

足迹

2024 年 9 月 4 日至 6 日，中非合作论坛北京峰会召开。来自中国和53个非洲国家的国家元首、政府首脑、代表团团长和非洲联盟委员会主席出席会议。峰会围绕“携手推进现代化，共筑高水平中非命运共同体”这一主题达成共识，总结了中非友好历史经验，通过了《关于共筑新时代全天候中非命运共同体的北京宣言》《中非合作论坛－北京行动计划（2025—2027）》两份成果，明确了中非携手推进现代化的努力方向和实现路径，引领了全球南方奋进方向。图为中非合作论坛第九届部长级会议现场。

术家、中亚留学生、孟加拉国儿童、比利时友好人士、南非德班理工大学孔子学院师生、美国艾奥瓦州友人等人士手中，问候“老朋友”，寄语“新朋友”，勉励“小朋友”。纸短情长，传递出的是大国领袖对各国人民相知相亲的期盼，讲述的是文化中国一直秉持的文明互鉴之道。

2023 年 8 月 23 日，习近平总书记在金砖国家领导人第十五次会晤上发表演讲，他指出："我们要加强人文交流，促进文明互鉴。文明多姿多彩、发展道路多元多样，这是世界应有的样子。人类历史不会终结于一种文明、一种制度。"历史的发展、社会的繁盛、人类的进步，都离不开文明的滋养和引领。深化人文交流互鉴是消除隔阂和误解、促进民心相知相通的重要途径。在世界各国前途命运紧密相连的今天，文明交流互鉴越来越密、越走越亲。只有厚植人文交流、文化交融、民心相通的沃土，人类文明百花园才会更加姹紫嫣红、生机盎然。

中华文化绵延五千年生生不息、枝繁叶茂、百花齐放的秘诀，皆因有和而不同之"同"、合作共赢之"合"、美美与共之"共"。昔有"紫气东来"，今有"和气东来"；人叹"文明冲突"，我有"和风西送"。"东来"的，是实现中华民族伟大复兴而生长、凝聚的自强不息、和实生物之"和气"；"西送"的，是推动构建人类命运共同体而呼唤、弘扬的厚德载物、协和万邦的"和风"。

E起学习

1. 习近平：《文明交流互鉴是推动人类文明进步和世界和平发展的重要动力》，《求是》2019年第9期。
2. 习近平：《在联合国教科文组织总部的演讲》，《人民日报》2014年3月28日。
3. 习近平：《共同构建人类命运共同体——在联合国日内瓦总部的演讲》，《人民日报》2017年1月20日。
4. 习近平：《携手建设更加美好的世界——在中国共产党与世界政党高层对话会上的主旨讲话》，《人民日报》2017年12月2日。

结　语

弘扬“明体达用、体用贯通”的理论品格

经略文化，实干兴邦。

作为新时代党领导文化建设实践经验的理论总结，习近平文化思想以独特的、独创的、独有的原创性新论断新观点，开辟了当代中国马克思主义、21 世纪马克思主义文化理论的全新境界，生动彰显了“明体达用、体用贯通”的理论品格。

知行相向，知行合一，方能明体达用、体用贯通。“体”指思想理论本身，“用”即思想理论的实际应用和实践运用。习近平文化思想体大思精，既有认识论，又有方法论，既有宏观层面的整体指导，又有具体层面的实践路径，既有顶层设计、科学谋划，又有科学战略布局和具体实施方略，是新时代新文化建设的根本遵循。只有明理论、善实践，理论实践紧密结合、双向赋能，才能做到“体”与“用”贯通融通、同频共振，与时偕行推动文化创新创造。

把坚持人民至上作为弘扬“明体达用、体用贯通”的价值取向。中国特色社会主义文化的性质和发展道路决定了新时代党领导和推动文化建设，必须坚持以人民为中心的根本立场，尊重人民主体地位和首创精神，必须始终坚持文化发展为了人民、文化发展

依靠人民、文化发展成果由人民共享。新征程上，我们要深刻把握习近平文化思想的人民性，坚持人民至上的政治立场，人民有所呼、改革有所应，以高质量文化供给不断满足人民群众新要求新期待。

把坚持自信自立作为弘扬“明体达用、体用贯通”的奋进底气。让马克思主义成为中国的，中华优秀传统文化成为现代的，让经由“结合”而形成的新文化力塑当代中国的文化自信自强。新征程上，我们要立足五千多年中华文明深厚基础，深刻把握中华文明发展规律，深入挖掘中华文明所具有的突出特性，继承和发扬中华优秀传统文化的思想精华，在担负起新时代的文化使命中行稳致远。

把坚持守正创新作为弘扬“明体达用、体用贯通”的动力源泉。守正，就是决不能抛弃马克思主义这个魂脉，决不能抛弃中华优秀传统文化这个根脉。创新，必须主动识变应变求变，探索新思路、新话语、新机制、新形式。新征程上，我们要坚持中国特色社会主义不动摇，紧跟时代步伐，顺应实践发展，在新的起点上推进理论创新、实践创新、制度创新、文化创新以及其他各方面创新，用马克思主义之“矢”去射新时代中国之“的”，推动中华优秀传统文化创造性转化、创新性发展，进一步激发全民族的文化活力。

把坚持问题导向作为弘扬“明体达用、体用贯通”的主攻方向。新时代我国社会主要矛盾是人民日益增长的美好生活需要和不平衡不充分的发展之间的矛盾。高质量发展不仅对物质文化生活提出更高要求，还从人的全面发展和社会全面进步的角度提出了更多文化需求。新征程上，我们要聚向研究和靶向解决文化建设的新题难题、深层次问题，尽力而为、量力而行，进一步增强人们的文化获得感、幸福感。

把坚持系统观念作为弘扬“明体达用、体用贯通”的思维方法。推动文化繁荣发展、建设文化强国是一个系统工程。牢牢把握系统的集成性，在统筹兼顾中实现文化要素协调发展，在扬长避短中提升文化成果整体效能，才能实现文化软实力的全面提升。新征程上，我们要整体谋划，更加注重关联性、整体性、协同性，以“七个着力”为抓手，统筹推进中国式现代化文化领域各方面建设，进一步形成建设文化强国的强劲动力和强大合力。

把坚持胸怀天下作为弘扬“明体达用、体用贯通”的大国担当。习近平文化思想既体现了中国立场、中国价值和中国风格，又展现了胸怀天下、博采众长的国际视野和世界格局，始终展现出宽广的世界眼光和强烈的天下情怀。新征程上，我们要进一步全面深化改革开放，讲好中国故事，传播好中国声音，展示真实、立体、全面的中国，进一步拓宽同世界各国进行文化交流和文明对话的广度和深度。

思想力量，无远弗届；实践力量，无往不胜。

党的二十届三中全会强调，必须增强文化自信，发展社会主义先进文化，弘扬革命文化，传承中华优秀传统文化，加快适应信息技术迅猛发展新形势，培育形成规模宏大的优秀文化人才队伍，激发全民族文化创新创造活力。新时代新征程，我们要深学细悟笃行习近平文化思想，进一步全面深化改革，把“体”和“用”有机统一起来，转化为担负起新时代的文化使命的实际行动，不断打开事业发展新天地，铸就社会主义文化新辉煌，展示人类文明的新成果新魅力！

后　记

为进一步引导党员干部坚定文化自信、秉持开放包容、坚持守正创新，推动建设社会主义文化强国，我们于今年年初启动编写习近平文化思想通俗理论读物《创造属于我们这个时代的新文化》。其间适逢《习近平文化思想学习纲要》出版，我们在认真学习基础上对书稿又作了多处补充修改。

江苏省委常委、省委宣传部部长徐缨同志高度重视和关心本书的编撰工作，对书稿提出许多指导性意见。江苏省委宣传部副部长、省政府新闻办主任赵金松同志审阅全书。中央党校、中央党史和文献研究院、中国社科院等单位多位专家学者审读书稿并提出修改建议。江苏省习近平新时代中国特色社会主义思想研究中心办公室和省委宣传部理论处对书稿的编撰给予很多支持和帮助。江苏人民出版社对本书的编辑出版给予全程指导和大力支持。本书在编写过程中还参考了一些专家学者的研究成果。在此，我们一并致以衷心感谢！

双传学同志和李扬同志主持编写工作。承担编写任务的人员有（按姓氏笔画顺序）：王婷、王林林、毛俊、邓海林、朱晓林、李建柱、吴日明、范美香、杭春燕、郝园园、柳廷俊、夏海燕、梁敬国、阚亚薇。梁敬国、吴日明、王林林、王婷等同志参与统稿工作。

由于水平和时间所限，书中难免有疏漏和不当之处，恳请广大读者批评指正。

本书编写组

2024 年 12 月